巴比倫
理財聖經

穩健創富的12項金律，
影響超過數百萬名讀者的致富經典

美國傳奇理財大師
喬治・山繆・克拉森
GEORGE SAMUEL CLASON
黃庭敏 譯

THE RICHEST MAN IN BABYLON

未來就像眼前一條通向遠方的道路，一路上盡是你希望實現的目標和冀求的渴望。

為了實現目標和渴望，你必須會賺錢。因此，運用書中闡明的理財原則，帶你脫離阮囊羞澀的情況，進而讓手頭寬裕，活出更豐盛、快樂的人生。

這些原則就像萬有引力定律一樣，普世通用，亙古不變。許多人已經印證過這些原則的功效，願它們幫助你荷包滿滿、銀行存款增加，並能對財務狀況感到滿意。

金錢是衡量世俗成功與否的工具。

金錢可以讓人獲得世上最美好的享受。

獲利的法則並不難，對於懂得理財的人來說，錢是多到賺不完的。

讓巴比倫街頭擠滿富人的理財法則，仍適用於六千年後的今日。

CONTENTS
目錄

Chapter 6 巴比倫放款人的守財忠告

Chapter 7 巴比倫護城牆的財務保障啟示

前言
享受財富自由的致富思維

國家的興盛取決於百姓的富足與否。

本書討論的是個人的成功之道。成功，意味著我們自身努力和能力的成果，而成功的關鍵是要準備妥當，因為我們實際做的可能不如心裡想的明智，而心裡想的可能又沒有比真正頓悟來得高明。

這本書旨在解決人們缺錢的問題，因此它被稱為理財入門指南。

的確，這是本書的目的：為那些想要擁有財富的人提供方法，幫助他們賺錢、存錢，並使他們的閒錢能賺到更多的錢。

接下來，本書會帶我們回到古代的巴比倫，因為那裡發展出現今世上所認可並實踐的財務原理。

對於新讀者，作者欣喜地希望本書的內容能讓大家有所啟發，進而達成各地讀者熱切渴望完成的目標，像是：讓戶頭的存款數字不斷增加、取得更大的財務成功，並解決個人的財務難題。

對於把此書廣傳給朋友、親戚、員工和生意夥伴的商務主管，本人要藉此機會表示感謝。那些讚賞書中所授方法的人，由於他們遵循書中所倡導的原則，而逐步獲得了重要的成果，這樣對於本書就是最大的背書支持了。

在古代，巴比倫是世界上最富裕的城市，因為它的居民是當時最富有的人。他們讓錢增值，並實踐健全的財務原則來賺錢、存錢和讓錢滾錢。巴比倫人讓自己擁有了人人都渴望的東西，即在未來擁有被動收入，享有財富自由。

喬治・山繆・克拉森

Chapter

1

渴望致富的人

我希望成為有錢人，並能擁有土地和牛隻，有華服可穿，錢包裡有滿滿的錢。

為什麼我們不能像有錢買好東西的富人一樣，也擁有應得的財富，能買很多好東西呢？

巴比倫理財智慧

致富從觀念開始。

「希望成為有錢人」並實際尋求方法，是理財的第一步。

巴比倫的馬車工匠班瑟垂頭喪氣，他坐在自家的牆垣上，悲哀地注視著自己寒酸的屋子，空蕩蕩的工作坊內只有一輛尚未完工的馬車。

工作坊的門是打開的，而他的妻子經常在門前打探，偷偷瞄他的工作進度。這會使他想起家裡就要斷糧了，所以他得趕工完成馬車，該去敲敲打打，給馬車拋光和上漆，把車輪圈上的皮革拉緊，準備交貨，這樣才能向富有的客戶收款。

儘管如此，他那肥壯的身體卻靜坐在牆上，因為他的思緒渾沌，心中有一個問題苦思不出答案。幼發拉底河谷是典型的熱帶氣候，炎熱的陽光無情地照在他身上。一粒粒汗珠從他的眉頭上冒出，滴到他濃密的胸毛中，然後消失不見。

在他的家外面，看得到高牆環繞的國王宮殿。而附近那座高聳入天的就是彩繪的貝爾神廟高塔。在這片富麗堂皇建築的陰影下，顯出他家的簡陋，而周圍還有許多更髒亂和失修的房子。巴比倫就是這樣，因為缺乏都市計畫，富麗堂皇和貧困骯髒交錯。在護城牆內，光彩奪目的超級富豪，跟極其悲慘的貧困人家毫無章法地簇擁一處。

如果他還會想到要看看背後，就會看到，富人喧鬧的馬車推擠著路上穿著涼鞋的匠人和赤腳的乞丐。甚至連有錢人也會被迫擠到水溝邊，好讓路給大排長龍的挑水奴隸。他們每個人都肩負沉重的羊皮水袋，正要前往皇宮為國王的空中花園澆花。

班瑟全神貫注於自己的問題，根本沒有聽到，或留意這座繁忙城市的喧囂。突然間，傳來一陣熟悉的里拉琴音，才讓他從沉思中回過神來。他轉過身，看到一張機靈、微笑的臉，那是他最好的音樂家朋友卡比。

「我的好友，願眾神大大賜福於你。」卡比用心地對他打招呼，「但是，看來祂們已經夠慷慨，你不用再勞心勞力了。我真替你的好運感到高興，更希望能與你一起分享這些好運。你必定荷包滿滿，所以才不用在店裡疲於奔命。我想懇求你借兩枚微小的舍客勒❶給我，今晚貴族晚宴結束後，我就還你。你還沒來得及心疼這點小錢，我就還回來了。」

班瑟悲哀地回答：「如果我真有兩枚舍客勒，我誰也不能借，甚至連你是我最好的朋友都不行，因為這就是我所有的身家了。沒有人會把自己全部的身家都借給別人，甚至連最好的朋友也不行。」

「什麼？」卡比驚訝地說道，「你錢包裡一枚舍客勒也沒有，然

❶【譯注】希伯來人採用的基本重量單位，後來變成銀幣名稱。

後你還像尊雕像坐在矮牆上！為什麼不去造完那輛馬車呢？那你食量那麼大怎麼吃得飽？這不像你的作風，我的朋友。你用不完的精力在哪裡？有什麼事在困擾你嗎？是眾神給你降下了麻煩嗎？」

班瑟表示：「一定是眾神要給我的折磨。一切的煩惱都是從我做的那個無稽怪夢開始。在夢裡，我是一個有錢人。我的皮帶上掛著一個裝滿硬幣的漂亮錢包，裡頭的舍客勒多到我可以隨意地丟給乞丐，裡面的銀子多到我可以給妻子買華麗的服飾。而且我想買什麼就買什麼，裡面的金子讓我對未來充滿信心，我也不會害怕要花錢。我內心充滿了榮耀的滿足感！我不再是你以前認識的那位勤奮的朋友，你也不會認不出我的妻子，因為她的臉上沒有了皺紋，滿臉幸福快樂，再次變回了新婚初期那名喜孜孜的少女。」

改變財務窘境的關鍵體悟

卡比評論說：「的確是個美好的夢，但是如此幸福的美夢怎麼會讓你變成牆上悶悶不樂的雕像呢？」

「沒錯，怎麼會這樣呢！因為當我醒來，想起我的錢包有多乾癟時，反而有一股抗拒感席捲而來。讓我們來回顧一下，就像水手說的，我們兩個同在一條船上。年幼時，我們一起去祭司那裡學習知識；年輕時，我們分享彼此的快樂；成年後，我們仍舊是好友，也各安其命，滿足於長時間工作，然後隨意花掉收入的生活。我們過去曾賺了很多錢，但是卻沒有醒悟財富自由帶來的快樂，最後竟在夢裡才領悟一切。呸！我們比羊還蠢嗎？我們可是住在世界上最富有的城市呀！旅人都說沒有其他地方比我們這裡繁華富麗。我們這裡有巨額的財富，但是我們自己卻一無所有。經過半生的勞苦，我的最好朋友仍然口袋空空地對我說：『我可以借兩枚微薄的舍克勒，今晚貴族晚宴過後再還嗎？』那我該怎麼回答？我有沒有說：『這是我的錢包，我樂於分享裡面的錢？』沒有，我承認，我的錢包和你的一樣空空如也。這是怎麼一回事？除了滿足衣食需求之外，為什麼我們不能賺到更多的錢？」

「再想想我們的兒子。」班瑟繼續說，「他們不正步上我們的後塵嗎？他們和他們的家人，以及他們的兒子和兒子的家人，是否一生都生活在這樣盡是財富的城市中，但是和我們一樣，滿足於僅喝酸羊奶和吃粥的日子？」

「班瑟，我們這麼多年朋友了，但我從來沒有聽你說過這樣的話。」卡比困惑地說道。

「這些年來，我從來沒有這樣想過。我從早工作到晚，一直在努力打造最好的馬車，衷心希望有一天眾神能夠嘉獎我的好表現，賜我財運亨通。但是，祂們從未如此做過。最後，我察覺到祂們永遠不會賜福於我，所以我很難過。我希望成為有錢人，並能擁有土地和牛隻，有華服可穿，錢包裡有滿滿的錢。為了實現這些願望，我願意竭盡全力、費盡巧思來努力工作，並徹底發揮我的一技之能，但我也希望自身努力能得到一定的回報。我們是哪裡做錯了？我再問你一次！為什麼我們不能像有錢買好東西的富人一樣，也擁有應得的財富，能買很多好東西呢？」

「我也想知道答案啊！」卡比回答。「我和你一樣對生活不滿意，我很快就花光了彈里拉琴的收入。我老是得仔細規畫花費，才能使我的家人不致挨餓。而且，我心裡很想擁有一把大里拉琴，大到可以真正彈出我腦海中湧現的曲調。有了這樣的樂器，我可以彈出連國王也沒聽過的優美音樂。」

「你應該擁有這樣的里拉琴，在巴比倫，沒有人比你彈奏的還悅耳，不只是國王聽了喜悅，還有眾神都會感到開心的。但是，當我們倆都像國王的奴隸一樣窮時，你要怎樣才能獲得這種琴呢？聽那鈴聲！他們來了。」他指著一長排上身赤膊、汗流滿身的挑水工，他們費力地從河邊走向狹窄的街道，五個人並肩走在一起，每個人都因背著沉重的羊皮水袋，而弓著腰駝著背。

「有一名身材挺拔的男人在隊伍前面帶領他們。」卡比指著走在隊伍前方，沒有背著水袋、身上配戴著鈴鐺的男人，「他在自己的國家想必是位傑出人物。」

班瑟表示：「隊伍中還有很多和我們一樣體格強壯的人。有來自北方的高個子金髮男人、來自南方笑容滿面的黑人、來自鄰近國家棕色皮膚的小個子。日復一日，年復一年，他們排成一列，從河邊挑水走到花園，再回到河邊，不斷來回往返。他們沒有幸福可以期待，只有稻草床可以睡，只能吃著口感粗硬的麥片粥。卡比，他們真是可憐的野蠻人！」

「我可憐他們。雖然如此，你讓我明白，儘管我們自稱是自由之身，但我們的景況也沒好到哪裡去。」

「卡比，儘管聽了令人不愉快，但這是事實。我們不希望年復一年地過著奴隸般的生活。工作、工作、工作！然後，還是在原地踏步。」

聰明致富的務實方法

詢問。

「也許我們能夠找出別人賺大錢的方法，學他們那樣做？」卡比

班瑟認真地想了後回答：「如果我們向那些知道方法的人求助，或許就能學到一些祕訣。」

「就是今天了！」卡比提出：「我剛剛看到我們的老朋友阿卡德，坐著他那輛金色馬車經過。我要說的是，他沒有像其他有錢人那樣忽視卑微的我。相反地，他揮了揮手，向他的音樂家好友卡比投以微笑，周遭的人都看得到他在對我打招呼。」

班瑟沉思道：「據說他是巴比倫首富。」

「聽說他有錢到，連國王在國庫事務上都向他討教財務建言。」卡比回答。

「真的太有錢了。」班瑟插嘴說：「我怕如果我在黑夜裡遇見他，我會忍不住把手放在他那鼓鼓的錢包上。」

「胡說八道！」卡比駁斥：「一個人的財富不是看他的錢包。如果沒有現金流補充財源，就算是鼓鼓的錢包也會很快變空。不論阿卡德實際花多少錢，他的收入都能使其錢包不斷維持飽滿。」

「講到重點了，答案就是收入。」班瑟突然說出，「我希望有一筆收入，無論我是呆坐在牆邊，還是去遠方旅行，都會一直流進我的錢包。阿卡德一定知道如何為自己賺錢，但是，他能讓我這樣頭腦遲鈍的人，也弄清楚其中的方法嗎？」

「我看他把知識都傳授給他的兒子諾瑪西了。」卡比回答：「諾瑪西不是去了尼尼微嗎？旅館裡的人都在說，他在沒有父親的幫助之下，成為那個城市的富豪。」

「卡比，你給我了一個寶貴的想法。」班瑟的眼睛為之一亮，「向好友尋求明智的建議不需要花上一毛錢，而且阿卡德向來樂於分享。儘管我們的錢包跟一年前一樣，像是獵鷹的鳥巢空空如也，但無所謂，不要因此就裹足不前。我們厭倦了身處富裕的環境，卻還是身無分文。我們希望成為有錢人。來吧，我們去找阿卡德，問他要怎樣做，才可以為自己賺錢。」

「班瑟，你說的話真是鼓舞了我，讓我有了新的頓悟。我現在才意識到，我們至今未能致富是因為我們從未尋求過方法。你富有耐心、努力地在巴比倫建造最堅固的馬車，並為此竭盡全力，這點你的確做到了。我努力成為熟練的里拉琴演奏者，而我也確實做到了。」

「為了這些目標，我們盡力而為，也都實現了目標。眾神也滿意我們的表現，讓我們繼續前進。現在，我們終於看到一絲希望，就像黎明般耀眼明亮。它促使我們要學習更多，才得以更加成功。有了這個新的領悟，我們將找到實現願望的正派途徑。」

班瑟催促著說：「我們今天就去找阿卡德。另外，我們也去找年少時的夥伴，看有誰跟我們一樣辛苦養家餬口，讓他們加入我們，一起分享阿卡德的智慧。」

「班瑟，你總是替朋友著想，所以你有很多朋友。就照你說的，我們今天就去找大夥兒，帶著他們一塊去。」

重點回顧

- 人生最遺憾的事情之一，是經過半生的勞苦卻仍兩手空空、一無所有。因此，「渴望致富」並實際尋求方法，是理財的第一步。
- 一般人滿足於長時間工作，然後隨意花掉收入的生活。但有錢人能理解財富的價值，並用錢賺更多錢。
- 致富的關鍵在於，能創造穩定、不間斷的現金流。否則再飽滿的錢包也會有乾癟的一天。
- 理財的關鍵之一是，懂得向高財商的專家或友人尋求協助。

Chapter

2

巴比倫首富的致富真理

當我領悟這一切時，我便下定決心，要獲取人生中這份屬於自己的美好事物。我可不想站在遠處，羨慕地看著別人享受；我不會滿足於穿著最廉價的衣服，還要看起來夠尊貴；我不會甘於窮人的命運。相反地，在這場豐盛人生的盛宴上，我要讓自己成為貴賓。

巴比倫理財智慧

賺到的錢有一部分要留給自己。

在古老的巴比倫，有一個非常有錢的人，叫做阿卡德。他不僅以巨額財富聞名遐邇，也以慷慨大度聲名遠播。他熱心助人，對家人大方，對自己也不吝嗇。儘管如此，他每年財富增加的速度還是能超過花費的速度。

有一些他年輕時的朋友來找他說：「阿卡德，你比我們更幸運。在我們還得辛苦討生活的時候，你已經成為巴比倫的首富了。你可以穿著華麗的衣服，也可以享受珍羞美味，然而我們若能讓家人穿件像樣的服裝，並勉強圖個溫飽，就很滿足了。」

「但是，我們曾經是不相上下的，我們受同一位導師的教導，玩過同樣的遊戲。無論是求學或玩樂，你也沒有勝過我們。然而這些年來，你卻變得比我們更尊貴。依我們的判斷，你並沒有比我們更努力，或更忠心地工作。為什麼變幻莫測的命運會單獨挑選你，來享受人生中所有美好的事物，而忽略我們這些同樣配得眷顧的人呢？」

於是，阿卡德告誡他們：「如果自從年少以來，你們賺的錢只能勉強生活，那是因為你們沒有學習積累財富的法則，或者是沒有觀察到這些法則的存在。」

「『變幻莫測的命運』是一個惡毒的女神，不會永遠對某個人好。相反地，幾乎所有祂賜予橫財的人，下場都很淒慘。祂會害人花錢不知節制，這些人很快散盡他們的意外之財，然後就被極大的食欲和欲望所困擾，因為他們沒有實力來滿足自己的渴望。還有些人受到祂的恩寵之後，變成守財的小氣鬼，害怕花用自己的錢，因為知道自己沒有再把錢賺回來的能力。他們還因為害怕被搶，注定要陷入空虛和不為人知的痛苦生活。」

「可能還有其他人可以不用費力就賺到錢，並愈賺愈多，繼續過著快樂知足的生活。但是這種人很少，我也只是聽說過而已。想想那些突然繼承遺產的人，看看情況是否果真如此。」

踏上致富之路的三大理財啟蒙

他的朋友承認，在他們所認識的遺產繼承人當中，確實大多如他所言沒有好下場。阿卡德的朋友懇求他解釋，他是如何變得富裕，所以阿卡德繼續說：

年輕時，我環顧四周，看到了所有能帶來幸福和滿足的美好事物，所以我明白，財富能讓生活變得更美好。

財富是力量，有了財富，許多事情都是可能的；

有人會用最華麗的家具來裝飾家裡；

有人會雲遊四海；

有人會品嘗異國美食；

有人會跟金匠和石匠購買飾品；

有人甚至會修造雄偉神廟，敬拜眾神；

還有些人會包辦上述所有事情，同時也做許多其他事情，使感官和心靈得到滿足。

然後，當我領悟這一切時，我便下定決心，要獲取人生中這份屬於自己的美好事物。我可不想站在遠處，羨慕地看著別人享受；我不會滿足於穿著最廉價的衣服，還要看起來夠尊貴；我不會甘於窮人的命運。相反地，在這場豐盛人生的盛宴上，我要讓自己成為貴賓。

正如你們所知，我的父親只是個卑微商人，在大家族中我沒有繼承遺產的機會，也如同各位所直言，我並非能力超群或天資聰穎。所以我決定，如果我要達到自身期望，我必須花時間學習。

至於時間，大家都擁有充足的時間。你們每一個人，都白白浪費了時間，以至於無法讓自己變得富有。但是你們也承認，除了家庭和樂之外，你們沒有其他值得驕傲的事蹟。

至於學習，我們睿智的老師不是教過我們學習有兩種：一種是我們學到和知道的東西，另一種是訓練我們找出不知道的東西。

因此，我決定找出累積財富的方法，然後在找到方法後，視其為首要任務，並賣力做好。因為當我們離開世界，前往靈界的黑暗面時，就得承受無盡的悲傷，所以當我們還站在陽光之下時，就應該盡情把握才是明智之舉。

我在記錄廳找到了一份刻寫員的工作，每天都花很長時間刻寫泥版。我週復一週，月復一月地工作，卻還是沒有多少積蓄。我全部的收入都花在食物、衣服和對眾神的奉獻，以及其他我也記不得的雜項費用，但是我的決心並沒有動搖。

有一天，放款人艾格米西來到城主的官邸，訂購《第九法條》的刻寫本，他對我說：「我必須在兩天內拿到，如果你在期限內完成，我會給你兩枚銅幣。」

所以我很努力，但是法條很冗長，當艾格米西回來取貨時，我還沒有完成。他很生氣，要是我是他的奴隸，他肯定會打我。但是我知道城主不會允許他傷害我，所以我並不害怕，還對他說：「艾格米西，你是一個很有錢的人。請告訴我該如何變富有，然後我會通宵刻寫泥版，並在日出時完成。」

他笑著回答：「你這個小子真得寸進尺，那我們就一言為定吧。」

我徹夜都在刻寫，儘管腰痠背痛，燈芯的臭味也薰得我頭痛，但我還是工作到眼睛幾乎都看不到東西。然後，當他於黎明再過來時，泥版已經完成了。

我說：「現在告訴我，你承諾要說的方法。」

他說：「小夥子，你已經履行了我們的交易，我也準備好信守承諾。我會把你想知道的那些事都告訴你，因為我已經是個老人了，而老人家就是喜歡嘮嘮叨叨。當年輕人向長者尋求建議，他就獲得了歲月的智慧。但是，年輕人常常認為，長者只知道過去的智慧，所以無法從中獲益。但是請記住，今天照耀大地的太陽跟你父親出生時是同一個太陽，而當你最後一個孫子離開人世時，太陽也依舊如昔。」

他繼續說：「年輕人的思想就像流星一樣在天際劃過一道光芒，

但是歲月的智慧就像恆久不動的恆星一樣，散發穩定不滅的光芒，指引著水手方向。」

「記住我的話了。假如你沒有記住，你就無法理解我告訴你的真理，而你也會以為你熬夜趕工是白忙一場。」

啟蒙一：存下部分收入

然後，他用濃眉下方那雙銳利的眼睛看著我，並以低沉有力的聲調說：「當我決定**存下一部分的收入**時，我就找到致富之路了，而你也可以。」

他繼續看著我，眼神彷彿要把我刺穿了，但是他沒再多說。

「就這樣？」我問。

「這足以把心慈面軟的牧羊人變成冷面無私的放款人。」他回答。

「但是我賺來的**所有錢**原本就是我的，不是嗎？」我問他。

「其實並非如此。」他回答，「你不用付錢給裁縫師嗎？不用付錢給鞋匠嗎？吃飯不用付錢嗎？你可以住在巴比倫都不用花到錢嗎？你上個月的收入還剩下多少？去年的收入還剩下多少？傻瓜！你付錢給所有人，就是沒付錢給自己。傻瓜，你這是在為別人賣力，就像奴隸為主人工作，好讓主人供你吃穿。如果你確實留下了自己所賺的十分之一收入，十年後你會有多少錢呢？」

我對數字的概念還不錯，所以回答：「等於我一年的收入。」

「你只說對了一半。」他反駁說，「你節省的每一枚金幣都是為你效勞的奴隸，它所賺到的銅幣都像它生的孩子一樣，也可以為你賺錢。如果你要變得富有，那麼你存下的錢也必須賺錢，而且賺來的錢子都可以再賺錢，這樣讓所有的錢再去滾錢，就能幫你賺到你渴望的財富。」

「你或許認為我讓你熬夜趕工，最後卻拿這些話騙你。但是如果你的理解力夠好，能聽懂我所說的道理，這個建議的價值超過這筆工錢的上千倍。」他繼續說。

「你要把收入的一部分存起來。無論你賺的錢有多麼少，至少都要存下十分之一。如果你有餘力，可以存更多。先付錢給自己，不要把剩下的錢都拿去買衣服和鞋子，這樣你才會有錢去買食物、做公益和奉獻給眾神。」

「累積財富就像種樹一樣，從一顆微小的種子開始種起。你節省的第一枚銅幣是你財富樹的種子，你愈早種下種子，樹就愈早成長。你用儲蓄愈忠實地養育、澆灌財富樹，你就愈早可以享受到在樹蔭下納涼的滿足感。」

話說完，他就拿起刻好的泥版走了。

我想了又想他說的那番話，覺得似乎很有道理。因此，我決定嘗試一下。每次我拿到工錢時，就從十枚銅幣中取一枚收起來。奇怪的是，我並沒有覺得生活比以前匱乏。即使少用一枚銅幣來生活，我也沒發現生活有什麼差別。但是，隨著我的積蓄開始增加，我常常受到誘惑，想去花錢買商人擺出來的好東西，像是用駱駝和船隻從腓尼基運來的舶來品，但是我還是明智地克制了購物欲。

啟蒙二：向專家詢求建議

艾格米西離開十二個月之後，他再次回來問我：「小夥子，過去一年，你有沒有把收入的至少十分之一留給自己？」

我自豪地回答：「是的，大人，我有。」

「很好。」他看著我笑著說：「那你用那些錢做了什麼事？」

「我把錢交給磚匠師傅阿茲馬，他告訴我，他要遠渡重洋到泰爾，並會幫我買腓尼基人的稀有珠寶。等他回來時，我們以高價賣掉，再平分利潤。」

「笨蛋，吃一次虧，學一次乖啊！」他咆哮著，「你怎麼會相信磚匠師傅會有珠寶方面的知識呢？你會去向麵包師傅詢問天文知識嗎？不會啊，我用這件長袍打賭，如果當初你有用點腦，你會去找天文學家。年輕人，你的積蓄已經飛了，你的財富樹也被連根拔起。但是，再去種另一棵試試吧！下一次，如果你要尋求珠寶方面的建議，去找珠寶商人。如果你想知道關於綿羊的知識，去找牧羊人。免費的建議誰都能提供，但是請注意，你只能採納有價值的建議。向沒有經驗的人聽取理財建議，只會賠上積蓄來證明對方是錯的。」話說完，他就走了。

事情果然就像他說的，那些腓尼基人是無賴。他們賣給阿茲馬的，是看起來像寶石，但其實一文不值的玻璃珠。不過，我照著艾格米西的囑咐，再次存下了十分之一的銅幣。因為我現在已經養成了習慣，所以不會覺得困難了。

啟蒙三：讓錢為自己效力

十二個月之後，艾格米西再次來到工作室問我：「自從我上次見到你之後，你有什麼進展？」

我回答說：「我如實地把錢留給自己。我把積蓄借給盾匠阿格，讓他去買銅材，然後他每四個月會付我利息。」

「那很好，你怎麼運用利息的？」

「我買了蜂蜜、美酒和美味蛋糕來大飽口福一番，我也給自己買了一件深紅色的長袍。之後，我要買一匹年輕健壯的驢子來騎。」

艾格米西聽了笑著說：「你把你積蓄所生的錢子都吃掉了，那你如何期望錢能幫你工作呢？它們又怎麼能生出更多的錢子替你工作呢？因此首先，你要有一支生財大軍替你賺錢，然後你再盡情享受豐盛饗宴，也不會感到懊悔。」說完後，他又走了。

接下來兩年，我都沒有見到他。當他再次回來時，已是滿臉皺紋、雙眼下垂的老人了。他對我說：「阿卡德，你已經擁有夢想中的財富了嗎？」

我答道：「還沒到我想要的程度。但是我擁有一些財富，而且它們還可以幫我錢生錢，滾出更多的錢。」

「你還會聽磚匠的建議嗎？」

「他們可以提供製磚方面很好的建議啊！」我反駁說。

「阿卡德，你已經學得很好了。」他繼續說，「首先，你學會了量入為出；接著，你學到向有經驗的人尋求建議；最後，你懂得讓錢為你效力。」

「你已經教會自己賺錢、存錢，以及用錢的方法。因此，你有能力擔任重責大任。我年事已高，我的兒子只想著花錢，卻不考慮怎麼賺錢。我的事業龐大，我擔心分身乏術。如果你願意去尼普爾看管我的產業，我就讓你成為我的合夥人，與你分享我的財產。」

所以，我去了尼普爾，負責管理他龐大的財產。由於我野心勃勃，並且掌握了成功理財的三大法則，因此能夠極快地讓他的財產增值。而我也因此賺了很多錢，當艾格米西魂歸西天時，我確實透過法律的安排，分到了他的一些遺產。

堅持紀律，樂享財富增長

阿卡德的故事說到這裡，他的一個朋友說：「你真幸運，能夠成為艾格米西的繼承人。」

「幸運的是，我第一次見到他之前就渴望富裕。頭四年，我不就是藉由留下全部收入的十分之一，來證明自己堅持目標嗎？如果一名漁夫多年認真鑽研魚的習性，不論風向如何變化，他都可以撒網捕捉到魚，你還會認為他單純是幸運嗎？機會是個傲慢的女神，祂不花時間在沒有準備好的人身上。」

「第一年賠掉積蓄之後，你仍有堅強的意志力繼續存錢，這點就相當了不起了。」另一位朋友說。

「意志力？」阿卡德反駁，「胡說，你覺得意志力會給人力量，讓他扛起連駱駝都無法承受的負擔，或者拖動連牛隻都無法拖行的重擔嗎？意志力不過是讓你在實現自己設下的目標時，能夠堅定不移。如果我為自己設下任務，不管有多麼瑣碎，我都會完成到底。不然，我還能有信心去做重要的事情嗎？如果我對自己說：『接下來一百天，我在每次過橋進城的時候，都要從路上撿一塊石頭，扔到河裡。』我就會照做。如果我在第七天過橋時，忘了這麼做，我不會對自己說：『明天我再投兩塊石頭也行。』相反地，我會回過頭去，扔下石頭。我也不會在第二十天對自己說：『阿卡德，這是在做白工。你每天扔一塊石頭有什麼用？一次丟一打石頭下去，就搞定了。』不會，我不會這麼說，也不會這樣做。當我為自己設下任務時，就要使命必達。因此，我會小心，不會一開始設下困難而不切實際的任務，因為我喜歡悠閒地度日。」

然後另一個朋友大聲說：「就算你說的是真的，世事也如你說的那樣合理又容易，但如果所有人都照做，哪來那麼多錢讓大家賺啊？」

「只要有人付出心力，財富就會增長。」阿卡德回答。「如果一個有錢人為自己建造一座新的豪宅，他付出去的錢會消失嗎？不會，因為磚匠拿到一部分，工人拿到一部分，而藝術家也拿到一部分，每個在房子上付出勞力的人都分到一杯羹。那麼，難道當豪宅完工時，它就不值這個價錢了嗎？難道豪宅的土地沒有因為上面建了豪宅，就更有價值了嗎？周遭土地的價格，難道沒有因為豪宅完工，也跟著水漲船高了嗎？財富增長的方式相當神奇，沒有人能預知它的極限。腓尼基人不就利用商船貿易賺得大筆財富，並在貧瘠的海岸上，建造了雄偉的城市？」

改變人生的三大理財之道

「那麼你建議我們做些什麼，讓我們也能變得有錢呢？」另一個朋友又問，「過了這麼多年，我們已不再年輕，而且也沒有什麼積蓄。」

「首先，我建議你們採納艾格米西的智慧，對自己說：『**我賺到的錢有一部分要留給自己。**』早上起來時，對自己這麼說；中午說一次；晚上說一次；每天每小時說一次。對自己說這些話，直到這些話像火光般閃現天際。」

「讓這個想法烙印在腦海裡，使自己滿腦子都是這個念頭。接著，明智地決定出該存下多少錢，但比例不要少於十分之一。記住，優先存下必留部分後，再規畫其他必要的支出項目。很快地，你會擁有自己獨享的財富，體會到富有的感覺。隨著財富增長，你會受到鼓舞，新的生活樂趣會讓你興奮，你自然會加倍努力去賺更多的錢。當你收入增加後，你存下來的錢不也同樣跟著增加嗎？」

「其次，學習讓你的錢為你工作，使錢替你效力，讓錢子和錢孫都幫你賺錢。」

「此外，你要確保未來有被動收入。看看那些長輩們，別忘了，未來有一天你也會像他們一樣老去。因此，請務必謹慎投資，以免賠光本金。高報酬的投資就像海上女妖一樣，她的歌聲會誘使那些疏忽的人投資失策，撞上賠錢和悔恨的岩石。」

「你也應該想到，如果有一天你蒙神寵召，仍得替你的家人準備好生活費。為了留給家人保障，請盡可能定期小額投資。如此一來，就算發生意外，也有一筆費用可供家人使用。未雨綢繆的人不至於讓一家人斷炊。」

「最後，諮詢有智慧的人，向那些以理財維生的人尋求建議，讓他們拯救你免於重蹈我的覆轍，像是錯把錢託付給阿茲馬磚匠。穩健的小額報酬遠比冒險投資來得好。」

「趁著人生在世，好好享受生活。不要過度勞累，或刻意節儉。如果你能輕鬆存下你全部收入的十分之一，那就滿足於存下這個比例的錢。請根據你的收入來生活，不要讓自己變得小氣和害怕花費。畢竟，生活美好又豐盛，有好多事物值得擁有和享受。」

他的朋友感謝他，然後走了。有些人沉默寡言，因為他們沒有想像力，無法理解；有些人講話很酸，因為他們覺得一個這麼有錢的人應該與沒那麼闊綽的老朋友分享一點財富；但是有些人眼裡重新燃起希望之光，他們明白了為何艾格米西每隔一段時間都回到這名刻寫員的工作室，因為他看著這個人逐漸從黑暗進入光明。當這個人找到了光明，有一個位置也預備好在等他了。除非他自己領悟出理財的道理，而且也準備好接受這個機會，否則在此之前，誰都無法替他填補那個位置。

最後那一類的人在隨後的幾年，經常回去拜訪阿卡德，而他也很高興地接待他們。就如同其他經驗豐富的專家，阿卡德也樂於提供他們建議。他總是慷慨大方地告訴他們自己的智慧，並協助他們投資，讓他們既享有穩健的報酬，也不會賠掉本錢，或套牢在無法分紅的投資上。

這些人領悟出從艾格米西傳授給阿卡德，再由阿卡德教給他們的理財道理，就在那一天，他們的人生出現轉捩點。

重點回顧

- 如果自從年少以來，你們賺的錢只能勉強生活，那是因為你們沒有學習積累財富的法則，或者是沒有觀察到這些法則的存在。
- 你節省的第一枚銅幣是你財富樹的種子，你愈早種下種子，樹就愈早成長。
- 穩健的小額報酬遠比冒險投資來得好。
- 改變人生的三大理財之道：

  道理一：把收入的一部分存起來。無論你賺的錢有多麼少，至少都要存下十分之一。

道理二：向沒有經驗的人聽取理財建議，只會賠上積蓄來證明對方是錯的。

道理三：學習讓你的錢為你工作，使錢替你效力，讓錢子和錢孫都幫你賺錢。

Chapter

3

脫貧致富的七大關鍵

我將用簡單的方式，教你們養肥荷包。這是通往財富殿堂的第一步，若沒有站穩這一步，沒有人可以登上這殿堂。勇往直前，實踐這些道理，這樣你們就可以成功致富，而這也是你們本來就有的權利。

巴比倫理財智慧

大道至簡，遵循經得起時間考驗的七大理財法則，
便能邁向致富之路。

巴比倫的輝煌持續多年，古往今來，它號稱是最富裕的城市，蘊藏豐厚的財富。

然而，巴比倫並非一開始就這麼繁華似錦。巴比倫的財富是人民智慧累積的結果，他們一開始也是要先學會如何致富。

偉大的薩爾貢大帝在打敗敵人埃蘭人返回巴比倫之時，迎面而來的卻是嚴峻的局面。皇室大臣向他解釋說：

「由於陛下下令建造寬闊的灌溉渠道和眾神的雄偉神廟，給人民帶來了多年的繁榮。但如今工程完成了，人民似乎無法維持日後生計。」

「因為工人沒有工作了，商家很少有顧客上門，農民賣不出他們的農產品，人們沒有足夠的錢來買食物。」

「那我們進行這些重大建設所花費的錢，全都跑哪去了？」國王詢問。

大臣答道：「恐怕都被賺走，進入城裡幾個非常有錢人的口袋了。錢流經我們大多數人的手後迅速消失，就像山羊奶流過濾網一樣快。現在金錢已經停止流動，我們大多數人都沒有錢可以賺。」

國王沉思了好一段時間，然後問：「為什麼極少數的人能夠獲得所有錢財？」

「因為他們知道個中方法。」大臣回答：「人們不會因為他知道如何成功致富，就去譴責他。同樣地，也不會有人以正義之名，搶走別人正當賺得的錢，拿去分給賺錢能力較差的人。」

國王追問：「但是為什麼不能所有人都學會如何積累錢財，使自己變得富有和成功呢？」

「陛下所言甚是。但是，誰來教他們呢？當然不是祭司，因為他們不懂賺錢。」

「在我們城中，誰最懂得致富之道，大臣？」國王問道。

「陛下，您發問的同時，也等於得到了答案。在巴比倫，誰積累了最多的財富？」

「說得好，我能幹的大臣，是阿卡德，他是巴比倫首富。明天召他來見我。」

巴比倫首富的理財講堂

第二天，阿卡德奉旨覲見國王。儘管阿卡德已經七十歲了，他還是身體硬朗、精神矍鑠地出現在國王的面前。

國王說：「阿卡德，你真的是巴比倫的首富嗎？」

「大家是這麼說的，陛下，沒有人對此有異議。」

「你怎麼變得如此有錢？」

「利用我們這座偉大城市所有人民都可以得到的機會罷了。」

「你是白手起家嗎？」

「我只有對財富的強烈渴望，除此之外，我什麼也沒有。」

國王繼續說道：「阿卡德，我們的城市處於非常不樂觀的情況。因為只有少數人知道如何獲取錢財，並因此壟斷財富，然而我們廣大的民眾卻沒有理財的知識，不知道如何留下他們所賺來的錢。」

「我希望巴比倫成為世界上最富有的城市，為此，它必須擁有許多有錢人，所以我們必須教大家致富的方法。告訴我，阿卡德，致富有什麼祕密嗎？可以傳授嗎？」

「陛下，致富的方法是務實可行的。懂得其中道理的人就可以教給其他人。」

國王的眼睛為之一亮，「阿卡德，這正是我想聽到的話。你願意為這個偉大的任務付出嗎？你是否願意把你的知識教給學校的老師，然後這些老師再教給別人，直到他們都受到充分的訓練，能夠把這些道理傳授給我國國土上的所有子民？」

阿卡德鞠躬說：「我是您謙卑的僕人，恭候您差遣。我很樂意把我的所有知識傳授給我的同胞，讓他們日子過得更好，也為了陛下的榮耀。請授命您賢良的大臣為我安排一場一百人的課程，我會教給他們七種使我致富的方法，讓巴比倫不再有窮人。」

兩週後，大臣按照國王命令所選定的一百人聚集在講學殿的大廳裡，大家圍坐成半圓形。阿卡德坐在一張桌子旁邊，桌上點著一盞聖燈，輕煙渺渺的燈火散發出令人愉悅的奇妙氣味。

「你看，是巴比倫首富。」在阿卡德站起時，一名學生用手肘輕輕推一下他隔壁的人，小聲地說，「他和我們其他人一樣，沒有什麼不同啊！」

聰明理財的七大法則

「身為我們偉大國王的忠實子民，」阿卡德開始說，「我奉陛下的旨意，今日站在你們面前。我曾經是一個貧窮、極度渴望發財的少年，但因為我發現了致富之道，所以陛下要我把這些知識傳授給你們。」

「我以最卑微的方式起家，和你們以及巴比倫的每位人民一樣，沒有優勢可言。」

「我的第一座財庫是一個破舊不堪的錢包。我痛恨裡面空無一物，一直很希望它可以變得飽滿、塞滿了錢，還可以發出金幣碰撞的聲音。為此，我尋求了各種能使荷包飽滿的祕訣，並因此找到了七個原則。」

「我要向在座各位解釋養肥荷包的七大原則，而我也建議所有想要發大財的人都能親身實踐。接下來的七天，我會每天向你們解釋一種原則。」

「請認真聽我所傳授的知識，你們可以和我辯論，或和同學進行討論。請透徹學習這些教導，以便在錢包中種下財富的種子。但首先，你們每個人得開始明智地積累自己的財富。然後，你們才會有理財的能力，而且到了那時候，才能將這些道理傳授給他人。」

「我將用簡單的方式，教你們養肥荷包。這是通往財富殿堂的第一步，若沒有站穩這一步，沒有人可以登上這殿堂。」

「我們現在來看看第一個方法吧！」

法則一：賺十塊花九塊，開始養肥荷包

阿卡德對一名坐在第二排看似若有所思的人說：「這位朋友，你做什麼工作？」

那人回答：「我是在泥版上刻字的刻寫員。」

「以前我也是做這個工作，也賺到了第一筆錢。因此，你同樣有機會累積到財富。」

他對一名坐在更後面氣色紅潤的男人說：「請問你是靠什麼謀生？」

這個人回答：「我是肉販。我向農民買山羊來宰殺，再把肉賣給

家庭主婦，把皮賣給鞋匠。」

「因為你也努力工作和賺錢，所以你和我一樣擁有成功的優勢。」

就這樣，阿卡德開始一一探聽每個人的職業。當他問完之後，他說：

「現在，同學們，你們可以看出，有許多經商和勞動方式可以讓人賺錢。每種賺錢方式都像一條金流，意即勞動者把勞力轉換成金子，讓其流入自己口袋中。」

「因此，根據每個人的能力，每個人的錢包都會流入或多或少的金錢，沒錯吧？」

大家都同意。

「再來，」阿卡德繼續說，「如果你們每個人都想為自己累積財富，那麼從現有財源開始累積，算不算明智的做法？」

他們也都同意這個說法。

然後，阿卡德轉向一名自稱是蛋商的謙虛男子：「如果你拿一個籃子，每天早晨放進十顆雞蛋，每天晚上從中取出九顆雞蛋，最後會發生什麼事？」

「過幾天，蛋會多到滿出來。」

「為什麼？」

「因為每天我放進去的雞蛋比我拿出來的還多一顆。」

阿卡德面帶微笑地轉向全班同學問：「這裡有沒有人的荷包乾癟癟？」

他們一開始覺得這個問題很有趣，眾人就笑了出來。最後，他們還開玩笑地揮舞著自己錢包。

「好吧，」他繼續說，「現在，我告訴你我學到搶救乾癟荷包的第一種方法，就是完全按照我對蛋商的建議：**放入荷包十枚硬幣，只取出九枚來使用。這樣你的荷包會開始變飽滿，重量一直增加，而手中握有沉甸甸的荷包是一種很棒的感覺，會使你的靈魂得到滿足。**」

「不要因為這件事很簡單，就嘲笑我說的話，真理總是簡單的。我告訴你們我累積財富的方法，我就是這樣起步的。我以前也曾咒罵自己乾癟的錢包，因為裡面什麼錢也沒有，讓我無法滿足需求。然而，當我開始放進十枚硬幣，但只拿出九枚硬幣時，荷包就開始鼓了起來，你們也可以的。」

「現在我要說一個奇妙的道理，其中的原因我也不太明白。但當我停止花超過十分之九的收入時，我也有辦法過得好好的，手頭並沒有比以前更緊。而且，很快地，存錢變得愈來愈容易。可見這是眾神的法則，對於那些留下一部分錢沒有花掉的人，錢財更容易自動送上門來。同理可證，那些荷包總是空空如也的人，自然無法吸引錢財上門。」

「你們最渴望哪一種情況？是滿足每天的欲望，購買珠寶、華服、更多的食物等很快用完就遺忘的東西？還是擁有大量的財產、黃金、土地、牛群、商品，和會帶來收入的投資？若把錢包中的硬幣拿出來花掉，會帶來第一種滿足；但若你們把錢存下來，則能帶來第二種更大的財富。」

「各位同學，我發現解決貧窮的第一個方法就是，『**賺十塊，花九塊**』。大家可以互相討論，如果有人證明這是錯的，請在明天我們再次見面的時候告訴我。」

法則二：列預算，控制花費支出

第二天，阿卡德問他的學生：「各位同學，你們有些人問我，當收入都不夠支付必要的開銷時，怎樣才能存下十分之一的錢？」

「昨天有多少人的錢包裡沒有錢？」

「我們都沒有錢。」全班回答。

「但是，你們的收入各不相同。有些人賺得比其他人多，有些人需要養更多的家人。然而，你們所有人的錢包都空空如也。現在，我將告訴你們一個關於人性的特殊道理。那就是，除非我們刻意抑制欲望，不然我們所謂的『必要開銷』會永遠等於我們的收入。」

「不要把必要開銷與欲望混為一談。你們的收入永遠無法滿足你們每個人以及你家人的欲望。因此，即使花光全部收入，也不可能滿足你們的無窮欲望。」

「所有人都有超過自身能力負荷的欲望。難道你們以為我很有錢，就能滿足所有欲望嗎？錯！我的時間有限，我的能力有限，我可以出遊的距離有限，我可以吃的東西有限，我可以享受的興趣也有限。」

「我告訴你們，就像農民只要在田裡不小心留下空間，就會長出雜草一樣，只要欲望有被滿足的機會，就會無限制地增長。人的欲望眾多，但可以滿足的卻很少。」

「請認真研究你們習以為常的生活習慣，你會發現自己可以聰明地刪減某些花費。讓自己花的每一塊錢都能發揮百分之百的價值，請把這句話當作你們的座右銘。」

「因此，請在泥版上刻下你想花錢的理由，選出其中必要的開銷和其他可以控制在收入十分之九的花費。然後，刪掉其餘的項目，並認清那些只是眾多欲望中的一部分，不需要花錢在上面，以免追悔莫及。」

「接下來，列出必要開銷的預算，不要動用到那筆養肥你荷包的十分之一收入。請把儲蓄視為你要滿足的重要欲望。同時，要持續編列預算，並隨時調整預算來幫助你理財，使預算成為養肥錢包的第一道防線。」

此時，一位穿著紅金相間長袍的學生站起來問：「我是一個自由人，也相信自己有權利享受人生的美好事物。因此，我反對受到預算的限制，因為這會決定了我可以花費的金額和項目。我覺得這樣會剝奪我生活中許多樂趣，並且讓我變成了像是一隻背負重擔的驢子。」

阿卡德對他說：「朋友，誰來決定你的預算呢？」

這名學員不服氣地回答：「我自己決定。」

「就用你的例子來說，假設有一隻驢子要決定自己得背負的物品，牠會想背珠寶、地毯和沉重的金條嗎？顯然不會。牠會背乾草、穀物，以及一袋水，以供沙漠探險的旅途之用。」

「預算的目的是幫助你們養肥荷包，讓你們能滿足日常需求，並在能力範圍內達成其他欲望。預算是捍衛你們最在意的欲望，不會因為隨隨便便想要的東西，而使重要目標功虧一簣。預算就像黑暗洞穴中的一道亮光，可以照出荷包的漏洞，使你們能夠堵住這些漏財黑洞、控制花費，好實現那些明確且帶來滿足的重要目標。」

「因此，這就是脫離貧困的第二種方法：**為你的開銷編列預算。如此一來，你不僅有錢支付必要的花費、娛樂和滿足其他值得追求的欲望，而花費又不會超過十分之九的收入。**」

法則三：善用複利投資，讓錢滾錢

第三天，阿卡德在課堂上對學生說：「看！你們乾癟的荷包慢慢變飽滿了，因為你們已經能自律地存下收入的十分之一。你們控制了開銷，守護著不斷增長的財富。接下來，我們來思考如何讓財富替我們效力，使其複利增值。荷包裡有錢令人心滿意足，但如果沒辦法用錢來賺錢，不過是滿足守財奴的靈魂。我們從收入中存下錢只是個開始，要運用積蓄不斷創造收入才能累積更多的財富。」

「那麼，我們如何才能讓積蓄發揮作用？我的第一筆投資很慘，因為都被我賠光了，這個故事我晚一點再來說。我第一筆獲利的投資是貸款給一位名叫阿格的盾匠。他每年都會透過船運購買大量的銅材。由於他沒有足夠的資金來付款，他會向那些擁有閒錢的人借錢。

他是一個正派的人，在賣掉盾牌後，他會償還借款，並支付可觀的利息。」

「我每次借他錢都能賺到額外的利息。因此，我的本金不但增加了，連帶賺來的利息也增加了。最令人高興的是，這些錢還是回到了我的口袋裡。」

「各位學員，我告訴你，一個人的財富不在於他的荷包裡有多少錢，而在於他如何創造更多收入，讓金流不斷流入他的荷包裡，而且還能持續擴增。因此，無論他是在工作，還是出遊，都會有收入持續進帳。那是大家都渴望的情形，也是你們每個人的心願。」

「我因此獲得了大筆的收入，錢多到我被稱為富翁。借錢給阿格是我首次獲利的投資，從這一次經驗中獲得的智慧，加上我的資本增加，我又擴大了借貸的金額和投資範圍。由於我選用了明智的理財方式，從最初幾個財源，後來又增加了許多財源，錢就像河水一樣流入我的荷包。」

「你們看，我從微薄的收入中，生出一群生財幫手，幫我工作，賺進更多的錢。當錢為我工作時，它們的錢子也在工作，它們的錢孫也替我工作，一起幫我賺進更多的錢。」

「合理的投資會讓你的錢迅速增長，從下面一個例子就可以看出：有一個農夫在長子出生時，拿給放款人十枚銀幣，並請他放款生息，直到他兒子二十歲為止。放款人照做了，並同意每四年給他本金的四分之一作為利息。農夫說，因為他已經把這筆錢留給了兒子，所以要求把利息加入本金裡。」

「當他兒子二十歲時，農夫再次去找放款人，詢問這筆錢有多少。放款人解釋說，由於這筆錢用複利計算，原本的十枚銀幣現在已經增加到三十枚半。」

「農夫很高興，但由於兒子目前不需要這筆錢，所以農夫把錢繼續留在放款人那裡。當兒子五十歲時，父親已經過世了，放款人結算給兒子共一百六十七枚銀幣。」

他說：「在這五十年間，投資的利息讓這筆錢幾乎增值了十七倍。」

「這就是脫離貧困的第三種方法：**讓每一塊錢都替你工作，使財富源源不絕地流入你的荷包裡，就像田野裡的羊群不斷繁衍替你帶來收入。**」

法則四：評估投資風險，避免損失

第四天，阿卡德對全班說：「不幸會找上顯眼的對象，所以一定要好好看緊荷包，免得財富流失。因此，明智的做法是，在眾神賜予更大筆錢財之前，我們必須先學會顧好小額積蓄。」

「每位金主都受到許多投資機會的吸引，以為自己可以從看似會獲利的投資項目中賺大錢。而那通常是親朋好友自己很想投資的，所以才慫恿他加入。」

「投資的首要原則是守住本金。當你被高報酬吸引，但有可能會賠掉本金時，這會是明智的投資嗎？我說萬萬不可這麼做，因為有可能血本無歸。在你拿出錢之前，請仔細研究，確保可以安全地收回本金。不要被自己的浪漫幻想給誤導，以為可以迅速致富。」

「在借錢給任何人之前，先確定對方有還款的能力和可靠的信用，以免你在不知不覺中，把辛苦賺來的錢白白送人。」

「在你投資任何領域之前，請先熟悉可能的風險。」

「當年我的第一筆投資就是一場悲劇。我把一年的積蓄拿給了一位名叫阿茲馬的磚匠，當時他要到遠洋的泰爾做生意，所以答應幫我購買腓尼基人的稀有珠寶。等他回來的時候，我們可以賣了這些珠寶，然後分配利潤。腓尼基人是壞蛋，賣給他的只是一堆玻璃珠，所以我的錢就這樣賠光了。如今，我憑經驗能馬上判斷出，讓磚匠去買珠寶有多愚蠢。」

「因此，我以自己的經驗建議你們：不要對自己的智慧太過自信，這樣會讓個人財富掉入可能的投資陷阱。最好是向那些有經驗、能靠理財獲利的人諮詢寶貴的經驗，畢竟詢問建議也不必花錢。而且，一個好的建議甚至可能與你設想的投資報酬等值。事實上，這些建議的真正價值就在於，保護你免於蒙受損失。」

「這就是脫貧的第四種方法，這點很重要，能看緊你的荷包，讓裡面的錢不會被賠光：**為了避免財產流失，只進行安全、能收回本金的投資，以賺取合理的報酬。同時，諮詢睿智的專家，並尋求善於理財者的建議，讓他們的智慧保護你的財富不致落入不穩健的投資。」**

法則五：讓房產成為有利可圖的投資

到了第五天，阿卡德對學生說：「如果一個人將收入的十分之九用於生活和享受上，然後其中一部分的錢可以在不影響生活品質的情況下，轉化為有利可圖的投資，那麼他的財富會更快速成長。」

「巴比倫很多男人讓家人住在不合適的地區。他們繳交高額的租金給苛刻的房東，但住家環境卻小到妻子無法種花自娛，而孩子們除了在骯髒的巷弄內玩耍之外，也無處可以嬉戲。」

「如果能有一塊乾淨的土地讓孩子玩耍，而且妻子不但可以種花，還可以種些蔬菜來填飽家人，這樣家人才能真正享受生活。」

「男人內心都會很高興可以吃到自家樹上的無花果和藤蔓上的葡萄。當他能夠擁有自己的住家、一個其引以為傲和全心照料的地方，會讓他充滿信心，願意為這一切付出更多的努力。因此，我建議每個人都擁有自己的棲身之所。」

「對於有心想擁有自己房子的人而言，這個目標並非無法企及。我們偉大的國王不就一直向外擴展巴比倫的城牆嗎？所以城內還有許多閒置的土地，可以用相當合理的價格買進。」

「我也要告訴各位學員，放款人很樂意為想替家人買房購地的人服務。如果你能證明自己為置產準備好合理的自備款，你很容易就可以借到錢來支付給磚匠和建築商。」

「然後，等房子建好時，你可以像以前定期付房東房租那樣，定期還錢給放款人。由於每次償還都會減少你跟放款人的債務，所以幾年後，你就能還清貸款了。」

「那個時候，你就會因擁有自己的值錢財產而感到心滿意足，而你唯一的費用就是要交稅金給國王而已。」

「你的妻子也會更常去河裡洗你的長袍，每次回來時，她都可以帶回一羊皮袋的水來澆灌家裡的花草蔬菜。」

「擁有自己房產的人會得到許多祝福，他的生活花費將大大減少，讓他收入中多出更多的錢，以用於娛樂和滿足其他的欲望。這就是脫離貧窮的第五種方法：**擁有自己的房產**。」

法則六：確保未來有被動收入

阿卡德在第六天上課時說：「除非英年早逝，否則每個人都必經從孩童到遲暮老年這條人生之路，任何人都無法倖免。所以我說，**每個人都應該為年老的日子，準備夠用的收入，並先為家人預備一筆錢，好在自己過世後，能慰藉家人和維持他們的生活**。今天這一堂課要教你們，如何在不容易賺錢的老後歲月，荷包依然是飽滿的。」

「因為懂得理財之道，累積了財富的人應該考慮未來的日子。他應該計畫一些長期的穩健投資或預備措施，等哪一天需要用錢時，他已經做好充分準備，可以來動用這些錢。」

「人們可以用很多種方式來確保將來的生活無虞。他可以找個隱密的地方，把錢財都埋在那裡。但是，不管藏得多麼隱密，都可能被盜賊給偷走。因此，我不建議大家用這種方式。」

「有人會買房或買地來養老。如果挑選得宜，選到機能優渥和有增值潛力的房地產，它們會永久保值，不管是租人或是轉手賣個好價錢，都讓人能夠安心養老。」

「有人會把錢存到錢莊，定期收取利息。他們把錢莊給的利息再加入本金裡，進而滾出更高的利息報酬。我認識一位名叫安山的鞋匠，他不久前向我解釋，過去八年來，他每週都在錢莊存入兩枚銀幣。錢莊老闆最近跟他結算本金加利息，總金額讓他非常高興。那些小額存款加上每四年二五%的固定利息，總共累計為一千零四十枚銀幣。」

「我替他感到高興，並用數學算出他的投資報酬，進一步鼓勵他持之以恆。如果之後十二年，他每週都固定存兩枚銀幣，錢莊將要支付他四千枚銀幣，這筆錢夠他後半輩子享用了。」

「當然，只要定期小額投資，就能產生如此豐厚的結果。**無論一個人現在的事業和投資有多麼成功，沒有人可以承受得起年老時沒有**

一筆養老金，或是無法保障家人的生活。」

「針對這一點，我想更詳細解釋。我相信，有一天會有智者設計一套保險計畫，參與計畫者只要定期付一點小錢，那麼當有成員去世時，這些錢加總起來，可以提供喪家一筆可觀的金額。我認為這是個可取的計畫，也強烈建議這樣做。但是，目前這個計畫還不可行。因為它的過程必定超過所有人的壽命，或超乎任何形式的合作關係才有辦法來推動，這個計畫必須穩如國王的寶座。我覺得，總有一天這樣的計畫可以實現，並且對許多人來說是一大福音。因為即使一開始只是一小筆金額，但是等到家中有人過世時，它就會變成一大筆慰問金。」

「但是，由於我們生活在當代而非未來，我們必須利用其他方式來安心養老。因此，我建議所有人，透過明智和周全的方法理財，以免年老時沒錢可用。對於一個無法再賺錢的人，或是失去一家之主的家庭來說，沒有錢是一件心酸的悲劇。」

「這就是脫離貧困的第六種方法：**預先為你年老後的開銷和家人生活做好準備**。」

法則七：精進自己，提高賺錢的能力

第七天，阿卡德對學生說：「今天，我要向各位講解極重要的脫貧辦法。但是，我不會談到金錢，而是談論你們自己，也就是在我面前身穿不同顏色長袍的各位。我要與你們談論到一些成功和失敗的人，他們思考和生活的方式。」

「不久前，有一位年輕人向我借錢。當我質疑他的借錢理由時，他抱怨自己入不敷出。我隨即向他解釋，在這種情況下，他對錢莊而言，是個信用不良的客戶，因為他沒有償還貸款的餘錢。我告訴他：『年輕人，你需要的是賺更多的錢。你要如何提高自己的賺錢能力？』」

「『我能做的是，』他回答，『在兩個月內六度向我的主人要求加薪，但都沒有成功。沒有人比我問得更頻繁了。』」

「我們可能會偷笑他的想法太單純，但是他確實擁有增加收入的一項重要條件：他心裡渴望賺更多錢。這是恰當和值得稱讚的欲望。」

「**想要成功，必須先有欲望。你的欲望必須強烈而明確**。籠統的願望只是程度薄弱的念頭。一個人希望有錢，這種目標不具實際意義。但若是渴望五枚金幣，這就是具體的願望，可以促使他去實現。當他憑藉這股強烈渴望，成功獲得五枚金幣後，接下來，他可以用類似的方法，來獲得十枚金幣，然後再獲得二十枚金幣，之後再獲得一千枚金幣。你看，他就變富有了。在學習達成自己明確的小願望時，他訓練了自己得以達成更大的願望。這就是積累財富的過程：隨著人們精進自己和能力變強，他們一開始先賺小錢，然後便能賺大錢。」

「願望必須單純而明確。如果願望太多、太複雜或超出個人的能力所及，就無法實現自己的目標。」

「當一個人把工作做到臻至完美時，他賺錢的能力也會提升。以前我只是個卑微的刻寫員，每天要刻寫泥版，也只能賺幾枚銅幣。後來我發現其他刻寫員做得比我還多，因此薪水也更高，所以我決心要成為最優秀的刻寫員。我很快就發現他們更成功的原因。於是，我對工作投入更多熱誠和專注，對我的作品更加執著。結果，你看，很少有人一天能比我刻寫更多的泥版。當我的技巧提升，動作變得迅速時，便得到了獎勵，我也不需要向我的主人要求加薪六次。」

「我們獲取的智慧愈多，能賺的錢也愈多。懂得在自己的領域上不斷精進學習的人會得到豐厚的報酬。如果他是一名工匠，他可以找同行中最傑出的人，向他們學習同業的方法和妙計；如果他是律師或醫師，他可以向同行諮詢，並交換意見；如果他是商人，他可以持續尋找更多可以低價購得的好商品。」

「各行各業一直在改變和進步，因為頭腦敏銳的人會尋求更棒的技能，以便為他們的衣食父母提供更好的服務。因此，我敦促大家，要當進步的領導者，不要停滯不前，以免落後被人淘汰。」

「透過許多有收穫的經驗能讓一個人的生活更富裕。如果你重視自己，就必須做下列的事：

- 盡自己能力，盡快還清債務，不要買超過能力所能負擔的物品。
- 必須照顧好家人，使他們想到你和提到你時，都是好話。
- 必須立好遺囑，萬一蒙神寵召，你的財產都能分配得當。
- 你必須同情那些不幸受傷和遭受厄運襲擊的人，並在合理的範圍內幫助他們。
- 你必須為心愛的人設想周到。」

「因此，擺脫貧窮的第七種、也是最後一種方法是：**培養自己的實力、認真研究學習，讓自己變得更有智慧、技巧更為熟練，以示自重、自愛**。如此一來，你會對自己充滿信心，以實現你謹慎評估過的願望。」

「以上就是脫離貧窮的七種方法，是我從漫長而成功的生活中得來的經驗，我鼓勵所有渴望財富的人都照著遵循。」

「各位，巴比倫還有遠超過你們所能想像的財富。這些財富多到能夠讓所有人賺。」

「勇往直前，實踐這些道理，這樣你們就可以成功致富，而這也是你們本來就有的權利。」

「勇往直前，去傳講這些道理，使陛下每一位正派的子民，也可以自由分享到我們所愛之城的豐沛財富。」

重點回顧

- 致富的方法是務實可行的。
- 聰明理財的七大法則：

法則一：賺十塊花九塊，開始養肥荷包。
法則二：列預算，控制花費支出。
法則三：善用複利投資，讓錢滾錢。
法則四：評估投資風險，避免損失。
法則五：讓房產成為有利可圖的投資。
法則六：確保未來有被動收入。
法則七：精進自己，提高賺錢的能力。

• 勇往直前，實踐理財之道，就可以成功致富，而這也是你們本來就有的權利。

Chapter

4

掌握良機的好運心法

有辦法吸引到好運嗎？那些渴望抓住機會致富的人，確實吸引了幸運女神的注意。祂一直渴望幫助那些取悅祂的人，而採取行動的人最能取悅幸運女神。

巴比倫理財智慧

幸運女神青睞有行動力的人。

「幸運兒無法預料他的運氣可以好到什麼程度。你把他扔進幼發拉底河，他或許還能撈到一顆珍珠游上岸來。」

——巴比倫諺語

大家都希望鴻運當頭、福星高照，就算是四千年前的古巴比倫人，他們心中對好運的渴望也和現在的我們一樣強烈。我們都希望受到幸運女神的青睞。那麼，有沒有什麼方法能碰到祂，讓祂喜歡我們，甚至不只讓祂眷顧我們，還能得到祂慷慨的恩惠呢？

有辦法吸引到好運嗎？

這正是古巴比倫人希望知道，並決心要找出答案的事情。他們是精明和敏銳的思想家，這解釋了為什麼他們的城市為當時世上最富有、最強大的城市。

在那遙遠的年代，他們沒有學校或大學。然而，他們有一個非常務實的學習場所。在巴比倫高聳的建築中，它的重要地位與國王宮殿、空中花園和眾神的神廟相媲美。不過，歷史書中很少提及到它，或可能根本沒有將其記載入冊，但是它對當時的思想產生了莫大的影響。

這座建築就是講學殿，那裡有志工講師闡述前人智慧，人們也能在那裡公開討論大眾關注的話題。在講學殿內，人人平等。即使是最卑微的奴隸也可以跟皇室的王子討論爭辯，而不會受到懲罰。

在經常造訪講學殿的人群中，有一個睿智的有錢人叫阿卡德，其號稱是巴比倫首富。他還有專屬的特別廳堂，幾乎每晚都有一大群人聚集在此，其中有老、有少，但大多是中年人，大家互相討論和激辯有趣的話題。讓我們想像一下自己也置身其中，來聽聽他們是否知道如何吸引好運上門。

洞悉幸運人生的祕密

落日西沉，就像一顆巨大的紅色火球，光芒照射過滾滾塵土的沙漠。阿卡德慢慢走上他平時慣用的講台。台下已經有八十人等他蒞臨，他們斜倚在小塊地墊上，陸續還有許多人進場。

「今晚我們該討論什麼？」阿卡德詢問。

眾人短暫的猶豫之後，一名高大的布織工按照慣例，先站起來發言：「我有個想討論的話題，但我有些猶豫，怕這對阿卡德和各位朋友來說太荒謬了。」

在阿卡德和大家的鼓勵下，他繼續說：「今天我很幸運，撿到一個裝有金幣的錢包。我最大的心願是可以繼續幸運下去，大家應該跟我有一樣的願望。所以我建議我們來討論如何吸引好運，也許可以發現招來幸運的方式。」

「這個話題真是太有趣了，值得我們討論啊！」阿卡德評論，「在某些人看來，好運不過是偶然發生的事件，像是意外一樣，可能無緣無故就發生在某個人身上。而有些人卻相信，讓事情順風順水的是慷慨的女神艾絲妲，祂一直渴望用厚禮來獎勵那些討祂歡心的人。各位，大膽說出意見來吧！我們是否應該找出吸引幸運女神，讓好運降臨的辦法？」

「對啊！對啊！希望好運連連！」愈來愈多聽眾熱切地附和。

於是，阿卡德繼續說道：「在開始討論之前，先讓我們來聽聽，我們當中是否有人，曾有過與紡織匠類似的經歷，能毫不費力地就撿到或收到有價值的財富或珠寶。」

所有人都停頓了一下，面面相覷，大家都希望有人能回答這個問題，但是沒有人應答。

「怎麼，都沒人嗎？」阿卡德說：「好吧，這種好運確實很少見。現在，有誰可以建議我們該從哪個方向繼續討論？」

「我來說一個。」一名身穿精美長袍的年輕人站了起來，「提到運氣時，大家不都會自然想到賭桌嗎？賭桌旁不是會有很多人祈求幸運女神，希望得到祂的青睞，大贏一把？」

當他要坐下來的時候，有人說：「別停啊！繼續說！告訴我們，你在賭桌上得過女神的青睞嗎？祂把骰子轉到紅色的點數，讓你贏到莊家的錢？還是轉到黑色的點數，讓莊家搜刮你辛苦賺來的錢？」

眾人和善地笑了出來，那名年輕人也跟著笑了，然後回答：「我得承認，幸運女神似乎根本不知道我在賭桌旁。你們其他人呢？你們是否發現祂會在類似的地方等著，替你們把骰子轉到會贏錢的那一面？我們也很想聽聽和學習。」

「這是一個很棒的開頭。」阿卡德插嘴說，「我們在這裡聚會，就是要考慮問題的各個面向。若是沒有討論到賭桌，就會忽略大多數人都有的好賭本能。大家都想要碰碰運氣，看能不能用一點點銀幣就可以贏到很多金幣。」

「這讓我想起了昨天的賽馬。」另一位聽眾說，「如果幸運女神經常造訪賭桌，那祂當然不會錯過賽馬才是，那裡有鍍金的馬車和跑到口吐白沫的馬匹。阿卡德，請老實跟我們說，幸運女神昨天有沒有偷偷告訴你，把賭注押在尼尼微的灰馬？那時我站在你後面，我聽到你把賭注押在灰馬時，我簡直不敢相信自己的耳朵。你和我們都清楚知道，在公平的比賽中，亞述地區的馬無法擊敗我們最愛的棗紅馬。」

「女神是否偷偷對你說，要押灰馬。因為在最後一圈，內側的黑馬色會絆倒，然後擋到棗紅馬，所以灰馬贏得比賽，意外勝利？」

對此玩笑，阿卡德寬容地微微一笑，「我們有什麼理由，覺得幸運女神會在乎誰賭哪一匹馬呢？對我來說，祂是象徵愛與尊貴的女神，樂於幫助需要支援的人，並獎勵那些實至名歸的人。我希望能得到祂青睞，但不是在賭桌或賽馬這種輸多贏少的地方，而是能在更有意義、更值得獎賞的地方與祂相遇。」

「像是耕種土地的農夫、誠實買賣的商人，以及其他所有職業都有機會從個人的努力和交易中獲利。也許，並非每次辛苦都會得到回報，因為有時人們的判斷可能失誤，有時可能天時不利，白費心血。

雖然如此，如果他堅持下去，他通常可以贏得報酬，因為賺錢的機會總會眷顧這類人。」

破解賭局致富的幸運兒迷思

「但是，如果是賭博的話，情況就相反了：他不太有獲利機會，而是有利於莊家。賭局是經過設計的，所以一定對莊家有利。莊家要做的就是，設法從賭客下的賭注中為自己賺取可觀的利潤。很少有賭客明白莊家贏錢的機率有多高，而他們輸錢的機率又有多高。」

「例如，想一想賭骰子的情況。每次我們都下注會擲出幾點。如果擲出紅色一點，那麼莊家要付給我們四倍的賭金。但是，如果擲出其他五面，我們將輸掉賭局。而數據顯示，我們每次擲骰子都有五種輸的機會，但是由於紅色一點代表收回四倍，所以我們就有四種獲勝的機會。一晚賭下來，莊家可以預期留下所有賭注的五分之一。在安排好賭客賠率是五分之一的情況下，偶爾才會有人贏一把，這樣還有人能幸運贏錢嗎？」

一位聽眾說：「有些人確實有時候會贏得一大筆錢。」

「確實如此，的確有人是這樣。」阿卡德繼續說道，「我知道有這種情況，但是我想到的問題是，用這種方式獲得錢財是否會給那些幸運的人帶來永久的財富呢？在巴比倫，我認識許多成功的人士，但是他們當中沒有一位是用賭博來起家致富的。」

「今晚各位聚集在這裡，你們比我認識更多有錢的巴比倫人。我更想知道的是，有多少富有的巴比倫人，是靠賭桌致富的？如果你們認識這樣的人，請說說看。」

經過許久的沉默後，一位愛說笑的人說話了：「你的問題包括莊家嗎？」

「如果你們想不到其他人，那莊家也可以。」阿卡德回答，「如果你們當中沒人能想到例子，那你們自己呢？有沒有人經常靠賭博贏錢，卻不願意說出這樣的致富之道呢？」

阿卡德的盤問引來後面一陣哀嘆聲，同時也夾雜不少的笑聲。

他繼續說：「看來我們並沒有往幸運女神時常造訪的地方謀求好運，所以，讓我們探索其他領域吧！我們沒有撿到錢包的運氣，也沒有在賭桌上贏錢的手氣。至於賽馬，我必須承認，我在那裡輸多贏少。」

「現在，來想想自己的工作和行業。如果我們把獲利的交易，視為自己努力的報酬，而非靠運氣，這不是很自然的結論嗎？我認為，我們可能忽略了幸運女神的恩賜。也許祂確實幫助過我們，但是我們沒有接受祂的慷慨恩惠。還有誰要討論其他話題？」

錯失獲利良機的投資啟示

此時，一位年長的商人站了起來，並撫平了身上高貴的白袍，「尊貴的阿卡德和諸位朋友們，請容我提出一個話題。如果正如你所說，我們事業上的成功都歸功於自己的勤奮和能力，那麼那些我們幾乎到手，卻又溜走的成功機會該怎麼說呢？那些機會可能會帶來龐大的獲利。如果真的抓住那些機會，就會是罕見的好運例子。然而，正因為沒有實現那些機會，所以才不能視它們為自己應得的報酬。想必在座很多人都有這樣的經歷。」

阿卡德贊同說：「這是一個明智的討論方向，你們當中有誰曾好運幾乎到手，但卻讓它溜走？」

許多人舉起了手，其中包括那名商人。阿卡德示意他發言，「既然你提出這個問題，應該先聽聽你的看法。」

他繼續說：「我很榮幸講一個故事，來說明好運已經近在眼前了，自己卻盲目地讓它溜掉，徒增龐大的損失和遺憾。」

很多年前，那時我是個新婚、剛開始賺錢的年輕人，我父親有一天來找我，強烈鼓吹我進行一項投資。他有一名好友的兒子看上了一塊荒涼的土地，就在巴比倫城外不遠的地方。由於它位處運河上方，所以無水可耕。

父親朋友的兒子計畫要買下這塊地，並建造三個大型水車，由牛來拖動水車運轉，引水灌溉這片肥沃的土地。完工之後，他計畫把土地分成幾小塊，然後轉賣給城裡居民來做農地。

我父親朋友的兒子沒有足夠的資金來完成這項工程，他像我一樣，只是收入普通的年輕人。他父親像我父親一樣，出生在大家庭，財力並不雄厚，因此，他決定找一些對此計畫有興趣的人來共同投資。他找了十二個人，而每個人都必須要有收入，並同意將收入的十分之一支付投資計畫，直到土地整建完畢為止。之後，所有人都可以平均分配到投資的利潤。

我父親向我說：「兒子啊，你現在還年輕，我深切期盼你開始為自己創造值錢的資產，讓自己成為受人敬重的人。我希望你以我當年犯的粗心錯誤為借鑑。」

「父親，這也是我熱切的期望。」我回答。

「那麼，我建議你，做我在你這年紀時該做未做的事：從收入中拿出十分之一來進行有利的投資。有了這十分之一的資金，以及它所賺的利息，你在到我這個年紀之前，就能為自己積累起一筆寶貴的資產。」

「父親，您的話充滿智慧，我也非常渴望有錢。然而，我的收入還有許多其他用途，我不太確定是否按照您的建議去做。反正我還年輕，有的是時間。」

「我在你這個年紀時也是這麼想的。結果你看看，這麼多年過去了，我都還沒有開始行動。」

「父親，我們活在不同的時代，我會避免犯下您的錯誤的。」

「我兒啊，機會就在你面前，你可能因此致富。我求你，不要遲疑。明天就去找我朋友的兒子，與他商量，把你十分之一的收入用於這項投資。明天馬上去，機會是不等人的。今天它還在，但很快就會溜走了。因此，不要遲疑！」

儘管父親如此建議，我還是猶豫了。當時，東方來的商人正好帶來了漂亮的新長袍，因為實在太華美了，我和妻子都覺得我們應該各有一件。如果我同意拿收入的十分之一來投資，就必須割捨我們渴求的長袍和其他樂趣。此事我一再拖延，直到為時已晚，這令我追悔不已。事實證明，該項投資比任何人所能預料的都更賺錢。這是我的故事，證明了我是如何讓機會溜走。

邁出第一步，戒除投資拖延症

「從這個故事我們看到，**好運會留給願意接受機會的人。**」一名來自沙漠地區皮膚黝黑的男子評論道，「要打造資產總必須有個起頭，一開始的第一筆投資，可能是從收入中拿出幾枚金幣或銀幣。我是個牧人，擁有許多牛羊。當我還是個小男孩的時候，我就開始了我的事業，用一枚銀幣購買了一頭小牛。這是我財富的起點，對我來說非常重要。」

他說：「跨出建立資產的第一步，就等於與好運相遇。對於任何人而言，第一步很重要，這會讓他們從用自己的勞力來賺錢，轉變為用自己的財富來錢滾錢。有些人很幸運，在年輕時就開始投資，因此相較於起步較晚，或是從未開始理財的人（例如這位商人的父親）來說，愈早投資者累積了更多的財富。」

「如果我們這位經商的朋友，早在年輕機會上門時，就邁出了第一步，今天他就能享受世上更多美好的事物了。如果我們那位紡織匠朋友能掌握好運，在此時邁出理財的第一步，的確會是累積更大財富的起點。」

「謝謝！我也想發表意見。」一位來自異國的陌生人站起來說：「我是敘利亞人，所以巴比倫話說的不太好。我想用一個詞來形容這位經商的朋友，這個詞也許你們會覺得不禮貌，可是，我想這樣稱呼他。不過，唉，我不知道怎麼用巴比倫話來說。如果我用敘利亞語來說，你們也聽不懂，因此，請哪一位仁兄告訴我，這種因拖拖拉拉而錯失大好機緣的人，你們會怎樣稱呼。」

「拖延者。」有人說道。

「就是這個詞！」敘利亞人興奮地揮手說道，「機會來臨時，他沒有好好把握，而是一等再等，老是說現在事情很多。我告訴你，機會就溜走了，機會女神可不會等這麼慢的傢伙。祂認為，如果一個人希望好運降臨，他會很快行動。機會來到眼前還不把握的人，就像我們這位商人朋友，是個拖延者。」

商人站了起來，善意地鞠躬，回應大家的笑聲，「我們城裡的異鄉人，讓我向你致敬，你直言不諱，說話真是一語中的。」

「現在讓我們聽聽其他跟機會有關的故事，誰可以分享別的經驗？」阿卡德詢問道。

錯失先機的交易心理

「我有。」一名身穿紅袍的中年男子回答，「我是畜類生意的買主，主要是買駱駝和馬匹，有時候也會買綿羊和山羊。我要講的這個故事，真實地描繪出，有一天晚上在多麼意料之外的情況下，機會竟然來敲門。也許正是因為太意外了，我竟然讓機會白白溜走。請各位來幫我評判一下。」

有一次，我外出了十天購買駱駝，結果一無所獲。在夜裡回到巴比倫城時，卻惱火地發現城門已經深鎖了。我的僕人搭起帳篷準備過夜，那時我們只剩很少的食物，也沒有水了，但是有一位老農夫和我們一樣，被鎖在城外。

「高貴的先生，」他對我說，「從你的外表來看，我想你是位做生意的買家。如果真是這樣，我很樂意賣給你我剛剛聚集好的上等羊群。唉，我的妻子發燒生重病，我必須馬上趕回去。若你買下我的羊，我和我的僕人就可以不被羊群拖延，騎上駱駝趕路回家。」

因為當時太黑了，我看不到他的羊群，但是從羊群的聲音可以聽出數量必定很龐大。我花了十天都沒有收購到駱駝，所以很高興能跟他交易。由於他急著脫手，他確實開出了很合理的價格。我接受了，很清楚我的僕人可以在早上領羊群穿過城門，然後轉手賺得可觀的利潤。

交易談定後，我叫我的僕人帶著火把，這樣我們才可以算出農夫所宣稱的九百隻羊。各位，我不想向你們嘮叨，說要清點為數眾多口渴不安的羊有多麼困難，免得你們聽了生厭。但事實證明，這是不可能的任務。因此，我直接告訴老農夫，我會在白天清點羊群的數目，並付錢給他。

「求求你了，高貴的先生。」他懇求，「你先付給我三分之二的款項，這樣我今晚就可以趕路回家。我會留下自己最聰明又讀過書的僕人，讓他幫助你在早上清點數量。他值得信賴，你可以把餘款付給他。」

但是我很固執，拒絕當晚付款。第二天早上，在我還沒醒來之前，城門就開了，有四名買家趕著出來尋購羊群。由於該城市受到圍攻且糧食匱乏，所以他們爭相搶買，並願意付出高價收購。後來老農夫賣出的價格幾乎是他要賣給我的三倍。我就這樣讓難得的好運給溜走了。

克服拖延的成功機會學

「這真是很不尋常的故事。」阿卡德評論道，「那它教給我們什麼智慧啟示呢？」

一位受人敬重的馬鞍匠提出：「這一則故事的啟示是，當我們確信這是一筆明智的交易時，就應該立即付款。如果交易是值得的，那就不要被自己弱點擺布，就像保護自己不受他人傷害一樣。畢竟，人都是善變的。唉，我得坦言，相較於錯誤的決定，人們在面對正確的決定時更容易改變主意。對於錯誤的決定，我們的確很固執。但在面對正確決定時，我們卻很容易動搖，讓機會溜走。我第一時間的判斷是最正確的，但是，我總發現自己談成一筆好交易之後，很難強迫自己繼續執行下去。因此，為了克服自己的缺點，我會馬上付一筆訂金，以免日後悔恨自己當初讓煮熟的鴨子飛了。」

「謝謝！我想再說幾句話。」敘利亞人再次站起來，「這些故事非常相似，機會總是因相同的原因而溜走。幸運女神每次都帶著好機會來到拖延者身旁，但他們總是猶豫不決，沒有對自己說，這是絕佳時機，我要立刻行動。這樣怎麼能成功呢？」

畜類商人回答：「朋友，你說得真好。在這兩個故事中，拖延都讓好運飛走了。然而，這種情況很常見。大家都有拖延的毛病。我們渴望財富，然而，當機會出現在我們面前時，內心又犯了拖延的毛病，使我們遲遲不去接受機會。這樣聽起來，我們確實成了自己最大的敵人。」

「在我年輕的時候，根本不理解這位敘利亞朋友所說的道理。我起初認為是我自己判斷錯誤，使我損失了許多有利可圖的生意。後來，我把問題歸因於我的頑固性格。最後，我意識到了問題在於，當需要採取迅速和果斷的行動時，我會出現不必要的拖延習慣。我實在很痛恨這種習性，就像駕著一輛不受控制的驢子所拉的車，讓我非常痛苦。於是，我努力擺脫這個敵人，邁向成功之路。」

「謝謝！我想問這位商人先生問題。」敘利亞人說，「你穿著精美的長袍，不像是窮人。你的談吐像是成功人士。請告訴大家，當拖延毛病在你耳邊鼓動時，你還會受到影響嗎？」

「就像這位從事畜類買賣的朋友一樣，我也必須認清並克服拖延的毛病。」商人回答，「對我來說，事實證明，拖延就像是一個緊迫盯人、伺機阻礙我成功的敵人。我剛才說的故事，只是眾多類似的案例之一，卻足以說明拖延如何趕走我的機會。一旦了解問題之後，就不難克服。就像沒有人願意讓小偷來搶他的穀糧一樣，也沒有人會願意讓敵人趕走他的客人、搜刮他的利潤。一旦我認清這類拖延行為就好比敵人在搞鬼時，我便下定決心征服它們。因此，在期待分享到巴比倫豐厚的財富之前，每個人都必須駕馭自己拖延的毛病。」

吸引好運的祕訣

「阿卡德，你有什麼話要說嗎？由於你是巴比倫首富，所以許多人都說你是最幸運的人。你是不是也同意我的說法，認為除非完全粉碎內心拖延的毛病，不然無法獲得真正全面的成功？」

「正如你所說的，」阿卡德承認，「在我漫長的一生中，我看著一代又一代的人在商業、科學和教育方面取得成就。機會降臨在這些人身上，有些人把握住機會，一步步地滿足了自己最深切的願望，但大多數人卻裹足不前、舉步蹣跚，遠遠落在後頭。」

阿卡德轉向紡織匠，「你提議大家來討論好運的話題，現在讓我們來聽聽你對這個話題的想法。」

「我對幸運有了不同的觀點。我本來以為，人人夢寐以求的幸運是能夠不勞而獲的事。現在，我明白它不是光靠念力就能得來的好事。從我們剛才的討論中，我學到了，**若要給自己帶來好運，必須要抓住機會**。因此，在將來，我要盡力把握機會。」

阿卡德回答：「你已經很能掌握我們討論所提出的道理。我們發現好運很少以其他方式出現，而是經常伴隨著機會而來。如果我們的商人朋友接受了幸運女神賜他的良機，他會發現千載難逢的大好機會。同樣地，我們的畜類買主朋友如果當初完成了羊群收購交易，並以可觀的利潤轉賣，就可以享有好運了。」

「我們這次討論吸引好運上門的方法，我覺得我們已經找到了。這兩個故事都說明了好運是伴隨著機會而來。許多類似的好運故事，無論結果是接受好運，或是讓好運溜走，都隱含著一個不變的真理，那就是：**抓住機會，可以吸引好運。**」

「那些渴望抓住機會致富的人，確實吸引了幸運女神的注意。祂一直渴望幫助那些取悅祂的人，而採取行動的人最能取悅幸運女神。」

「採取行動，就能讓你邁向自身渴望的成功。」

重點回顧

- 賺錢的機會眷顧那些腳踏實地、堅持努力的人。
- 賭局是經過設計的，所以賭客總是輸多贏少。另外，也很少有人能靠賭博致富。
- 我們是自己最大的敵人。除非完全粉碎內心拖延的毛病，不然無法獲得真正全面的成功。
- 抓住機會，可以吸引好運。
- 採取行動，就能讓你邁向自身渴望的成功。

Chapter

5

財富倍增的五大定律

強烈渴望致富，是一種神奇的力量。對於遵守五大定律的人來說，財富會自動上門，就像替他工作的忠心奴僕。這些豐厚的報酬，也等著要賜給那些目標堅決、要賺取應得財富的人。

巴比倫理財智慧

致富並非靠奇妙的魔法，而是透過明智的投資方式。

「如果讓你來選擇，你會選一個裝滿黃金的袋子，還是刻有智慧箴言的泥版？」

沙漠灌木叢周圍散發出閃爍的營火，一旁面龐曬黑的聽眾對這個問題顯得很有興趣。

「黃金，選黃金。」二十七名聽眾異口同聲地說。

年長的卡拉巴發出會心的微笑。

「你們聽，」他邊說，邊舉起手示意，「聽聽晚上野狗的叫聲，牠們因為餓到骨瘦如柴而在哀號。但是，如果餵食牠們會怎樣呢？答案是，牠們會打架，或是大搖大擺地閒晃。接著再打架和閒晃，對於終將到來的明天毫無想法。」

「人也是如此，讓他們選擇黃金或智慧，結果他們選了什麼？答案是，無視智慧，而去揮霍黃金。到了第二天他們就哀哭痛苦，因為黃金都花光了。」

「黃金是留給那些知道並遵守致富道理的人。」

一股冷風吹來，卡拉巴拉了一下白袍來遮住他消瘦的腿。

「因為你們在漫長的旅途中忠心地服侍我、照料我的駱駝，大家無怨無悔、不辭辛勞橫跨了炙熱的沙漠，更勇敢地與試圖搶奪商品的強盜作戰，所以我今晚要告訴大家從未聽說過的，五個致富定律故事。」

「聽好了，要專心聽我說的話。如果你掌握了其中的道理，並聽從這些建議，將來你們就能發大財。」

他感性地停頓了下來。巴比倫湛藍清澈的夜幕中，繁星閃耀。在這群人的身後，褪色的帳篷牢牢地紮在地上，以防禦可能來襲的沙漠風暴。帳篷旁邊堆放著整齊、一捆捆紮好的商品，上面還蓋著獸皮。

駱駝趴在附近的沙地上休息，有些滿足地在反芻，有些則已經此起彼落地打起鼾來。

「卡拉巴，你告訴過我們很多有意義的故事。」運貨的工頭說道，「明天我們就不再替你服務，期待你的智慧能持續引領著我們過日子。」

「我告訴過你們我在陌生遙遠國度的冒險經歷，但是今天晚上我要告訴你們富裕智者阿卡德的智慧。」

運貨工頭認同說：「我們聽說過很多關於他的事，畢竟他是巴比倫有史以來最富有的人。」

「他確實是最富有的人，因為他深諳明智的理財之道，沒有人比他更懂得其中的道理。今晚我要向你們講述他的博大智慧，這個故事是他的兒子諾瑪西多年前在尼尼微告訴我的，當時我還只是個小夥子。」

「那一次，我的主人和我在諾瑪西的宮殿留到深夜，我幫主人帶來許多精美的地毯讓諾瑪西試用，直到他滿意地毯的顏色為止。事後，他心滿意足地邀請我們和他一同坐下，喝一口稀有香醇的美酒來暖暖胃，而我的腸胃還頗不習慣。」

「就在那時，諾瑪西告訴我們他父親阿卡德的偉大智慧，也就是我要來告訴你們的故事。」

富爸爸給孩子的致富考驗

眾所皆知的，巴比倫有一項習俗是，有錢人的小孩會和父母住在一起，希望能繼承產業，但是阿卡德不認同這種習俗。因此，當諾瑪西到了可以繼承家業的年紀時，阿卡德把他叫來，並耳提面命一番：

「兒子，我希望你能繼承我的產業。但是，你必須先證明你能夠睿智地運用這筆遺產。因此，我希望你到外面闖闖，證明自己有賺錢能力，並且成為一個令人尊重的人。」

「為了讓你有個好的開始，我會給你兩件東西。我當年還是一個窮小子要白手起家時，可沒有這些。」

「首先，我把這袋金幣給你。如果你好好地使用，這筆資金將成為你未來成功的基礎。」

「第二，我給你這塊泥版，上面刻有致富的五大定律。如果你能明瞭，並實際執行，它們將帶給你能力和保障。」

「從今天起，十年後你再回家，告訴我你闖蕩的經過。如果你證明自己配得家產，那麼我就立你為我遺產的繼承人。否則，我會把遺產交給祭司，好讓他們懇求眾神在天安慰我的靈魂。」

於是，諾瑪西帶著這袋金幣及用絲綢小心翼翼包好的泥版，和僕人騎著馬匹去闖蕩江湖了。

十年過去，諾瑪西按照約定，回到了老家。他父親備好宴席迎接他的歸來，並邀請了許多親朋好友。宴席結束後，他父母登上大廳一側有如國王寶座的座椅，諾瑪西站在他們面前，依照他對父親許下的承諾，敘述他這些年的經歷。

此時天色已晚，房間裡籠罩著油燈燈芯散出的燻煙，透出昏暗的微光。穿著白褂罩衫的僕人用長柄的棕櫚葉，在潮濕的空氣中，有節奏地搧風。現場氛圍尊貴肅穆，諾瑪西的妻子和兩個年幼的兒子，以及朋友和其他家族成員坐在他身後的地毯上，渴望聽他述說經歷。

「父親大人，」他恭敬地開口，「容我向您的智慧鞠躬致敬。十年前當我成年時，您要我到外面世界，成為人上人，而不是留在家裡成為您財產的附庸。」

教訓一：對輕鬆致富有所警惕

「您慷慨地給我一袋金幣，也慷慨地給我您的智慧。唉！那袋金幣啊！我必須承認我處理得很糟糕。其實，由於我經驗不足，所以那筆錢就像是被小孩抓住的野兔一樣，一逮到機會就逃脫了。」

他的父親寬容地笑一笑，「兒子，繼續說，你故事的細節我都有興趣。」

「我決定去尼尼微，因為這是一個新興的城市，我相信可以在那找到機會。我加入了一支旅行商隊，跟其中的成員成為朋友，其中有兩名談吐得體的男子，他們有一匹似風飆的白色駿馬。」

「在旅途中，他們信心滿滿地告訴我，在尼尼微有一位有錢人，他有一匹奔馳速度很快的馬，從未被擊敗過。而且他相信沒有其他馬匹可以跑得比牠更快。因此，他下極大的賭注，賭巴比倫沒有馬可以跑贏他的馬。我的這兩位朋友說，與他們的馬相比，那匹馬不過是頭動作緩慢的驢子，他們輕輕鬆鬆就可以打敗。」

「他們好像在給我恩惠似的，讓我跟著一起下注。這個計畫讓我沖昏了頭。」

「我們的馬輸得很慘，我賠掉了很多錢。」阿卡德聽到笑了。

「後來，我才發現這是那些人的騙局，他們一直參加旅行商隊，從裡面尋找下手對象。你知道嗎？尼尼微的那個有錢人根本就是他們的同夥，並與他們瓜分贏來的賭注。這種狡猾的騙局讓我學到了第一個教訓，就是要多留心警惕。」

教訓二：投資前謹慎評估，勿輕信他人

「我很快就學到另一個同樣慘痛的教訓。在商隊裡還有另一個年輕人，我和他變得非常要好。他是富家子弟，而且像我一樣，要前往尼尼微尋找合適的地方落腳。我們到達後不久，他告訴我，有一名商人過世了，他的店裡擁有豐富的商品，客源也多，可以用很便宜的價格收購。他說我們一起當合夥人，但是首先他必須回到巴比倫去拿錢，所以說服我先用我的錢買下來，並同意之後會用他的錢來開展我們的事業。」

「他一直拖延前往巴比倫的行程，同時看得出來，他不是精明的買家，卻是揮霍的蠢蛋。我最後終止與他的合資關係，但是店裡的生意早已惡化到只剩下賣不出去的東西，也沒錢可以添購其他商品。我

用少得可憐的價格就把店賤賣給一位以色列人。」

「父親大人，我告訴您，我的苦日子很快就來了。因為我沒有做生意的經驗，也未受過專業訓練，所以找工作四處碰壁，沒辦法賺錢。我賣掉了我的馬、賣掉了我的僕人，還賣掉了多餘的長袍，才有錢換到食物和睡覺的地方，但仍是一天過得比一天窘迫。」

「然而，在那些辛苦的日子裡，我想起了父親您對我的信心。您讓我到外頭成為一個男子漢，我決心要達成這個目標。」

聽到這裡，諾瑪西的母親掩面哭泣。

「就在這時，我想起了您給我的那塊刻有致富五大定律的泥版。於是，我非常仔細地閱讀了您的智慧箴言，然後明白，如果我先尋求理財的智慧，就不會損失我的錢了。我領悟了每條定律，並下定決心，當幸運女神再次向我微笑時，我要以長者的智慧行事，而不是像年輕人一樣涉世未深而魯莽行事。」

「為了幫助今晚在座的各位，我要念出我父親十年前在泥版上刻給我的智慧之語。」

致富的五大定律

一、若能存下至少十分之一的收入，為自己和家人的未來建立資產，財富就會樂於臨門，並快速增值。

二、找到有利可圖的投資機會，錢就會勤奮樂意地替你工作，並讓財富像原野上的羊群般不斷繁衍增值。

三、聽取理財專家的建議，謹慎投資，以確保財富不會流失。

四、投資自己不熟悉的領域或用途，或是連投資高手都不看好的項目，財富就會從手中溜走。

五、堅持把錢投入不可能獲利的投資項目，或者聽取騙子和有心人士的謊言，或是信任自己經驗不足的判斷和浪漫的投資想法，便會失去財富。

「這是我父親所寫的五大致富定律。我在此宣告，這些定律的價值更勝於黃金，而我後面講的故事便能證明這一點。」

他再次面向父親，「我已經談到由於我涉世未深，以至於淪落到生活窮苦潦倒的地步。」

「不過，接二連三的災難總有結束的一天。後來我找到了工作，管理一群建造城市新外牆的奴隸，此時我的苦難就終止了。」

「我運用對理財第一定律的了解，從第一筆收入裡存下一枚銅幣，並一有機會就存錢，直到我存到一枚銀幣。但因為我還有其他生活開銷得支付，因此存錢速度很緩慢。我承認自己很節省，因為我下定決心，在十年期限之前，至少賺回父親您給我的金幣。

「有一天，已經跟我變熟的奴隸主人對我說：『你是一個節儉、不亂花錢的年輕人，你是否有存下你賺來的錢？』」

「有的。」我回答，「我最大的願望是積累錢財，以彌補父親給我卻被我賠光的錢。」

「我承認，這是一個崇高的抱負，不過你知道你存下來的錢可以為你賺進更多的錢嗎？」

「唉！我有過慘痛的經歷。我賠光了我父親給我的錢，所以我非常擔心，怕又重蹈覆轍。」

他說：「如果你對我有信心，我來教你一堂用錢賺錢的課。不出一年，外牆將會建好，到時每個出入口需要建造巨大的銅門，以保護這座城市免受敵人的攻擊。尼尼微各地並沒有足夠的金屬原料來製造這些大門，國王也沒有想到材料供給的問題，所以我的計畫是：我們一群人一起出資，派一支商隊到遠方銅礦和錫礦的產區，把金屬原料運到尼尼微，作為建造城門之用。等國王下令要蓋巨大的城門時，就唯獨我們這群人可以提供金屬原料，因此國王便得以高價收購。如果國王不願從我們這裡收購，我們仍然可用合理的價格來出售這些金屬。」

「我覺得他的提議符合第三定律所謂的好機會，亦即在智者的指導下所進行的投資。結果沒有讓我失望，我們的合資很成功，我的一小筆資金藉著這次的交易大大增值了。」

「後來，我也成為這群人其他投資事業的合夥人。他們有精準的投資眼光，而且在投資之前，他們會仔細討論每個計畫，絕不會賠掉本金，或是讓錢套牢在無利可圖的投資上，以致無法收回資金。像我以前因為涉世未深，而去賭賽馬和投資我毫無經驗的生意，他們絕不會為了這種愚蠢的投資傷神，而且還能立即指出它的問題。」

「藉由與這些人交往，我學會了安全的投資方式，賺回更豐厚的利潤。年復一年，我累積財富的速度愈來愈快。我不僅把以前賠掉的錢賺回來，而且獲利金額更為龐大。」

「經過不幸、磨練和成功後，我一次又一次地驗證了父親所教的理財五大定律是千真萬確的，經得起每次的考驗。對於不了解這五大定律的人來說，財富總是來得慢、去得快。但是對於遵守五大定律的人來說，財富會自動上門，就像替他工作的忠心奴僕。」

諾瑪西說到這裡停了下來，並向房間後面的一名僕人示意。僕人一次搬一袋沉重的皮袋，總共搬來了三袋。諾瑪西拿了其中一袋，放在他父親面前，並向他說：

「當年您給了我一袋巴比倫的金幣，您瞧，我把一袋等重的尼尼微金幣還給您，這是等價的交易，想必大家都會同意。」

「您給了我一塊刻有智慧箴言的泥版，您瞧，因為這些智慧，我再還給您兩袋多賺的金幣。」他一面說，一面從僕人手中拿來另外兩個袋子放在父親面前。

「父親大人，我這樣做是為了向您證明，我認為您智慧的價值遠勝於您的金幣。然而，誰能衡量智慧值幾袋金幣呢？沒有智慧，擁有錢財也很容易失去。但是有了智慧，就算沒有錢財的人也可以賺到財富，而這三袋金幣便是證明。」

「父親大人，因為您傳授的智慧，我已經成為富有和受人尊敬的人了。現在能站在您面前對您說這些話，我感到非常滿足。」

阿卡德憐愛地伸手摸了摸諾瑪西的頭：「你把理財的功課學得很好，我確實很幸運，能有你這樣的兒子繼承我的財產。」

遵循五大定律，享受財富碩果

卡拉巴說完故事後，嚴肅認真地看著他的聽眾。

他繼續問：「諾瑪西的故事對你們有什麼意義？」

「你們當中，誰能去找你們的父親或岳父，證明自己有能力聰明理財？」

「如果你們告訴這些尊貴的長輩：『我到過很多地方，學到了很多東西，付出大量勞力，也賺了很多錢，但是可惜啊！我還是沒什麼錢。有些錢我花得很明智，有些錢花得不精明，還有很多錢是因為理財錯誤而賠掉的。』你覺得長輩聽完會怎麼想？」

「你們還認為，命運大不同，有些人注定有錢，有人注定沒錢嗎？那你就錯了。」

「懂得並遵守致富五大定律的人會很有錢。」

「因為我在年輕時就學會了這五個定律，並遵守執行，所以我成為富有的商人。我不是靠什麼奇妙的魔法來積累自己的財富。」

「來得快的財富去得也快。」

「慢慢賺錢的人，財富才留得下來，並會帶來喜悅和滿足感，因為財富是知識和長期目標的結晶。」

「對於深思熟慮的人而言，賺錢並不是沉重的負擔。只要年復一年地堅持賺錢理財，最終就可以實現目標。」

「若你們能遵守致富的五大定律，就可以獲得豐厚的報酬。」

「每一條定律都有豐富的意義，為了避免因為我的故事簡短，你們就忽略了其中的意義，我現在再來重複重點。由於我在年輕時就見證了這五大定律的價值，因此一直熟記它們，但是直到我完全領略其中含意後，才真正感到心滿意足。」

致富的第一定律：若能存下至少十分之一的收入，為自己和家人的未來建立資產，財富就會樂於臨門，並快速增值。

「只要固定把十分之一的收入存下來，並明智地投資，肯定會創造出價值不菲的資產，為未來打造被動收入。就算有一天蒙神寵召，也能進一步保證家人生活無虞。這項定律說明了，財富樂於進入懂得理財者的家門，而我的人生經歷就是最好的證明。我積累的錢財愈多，財富就愈容易流進來和增加。我存下來的錢能幫我賺更多的錢，而你們也一樣，賺來的錢還會生錢子和錢孫，這是第一定律的結果。」

致富的第二定律：找到有利可圖的投資機會，錢就會勤奮樂意地替你工作，並讓財富像原野上的羊群般不斷繁衍增值。

「錢財的確是一個心甘情願替你賺錢的好工人。當機會出現時，它總是渴望讓你的財產倍增。對於存好一桶金的人來說，在機會來臨時，他能將這筆儲蓄投資於最有利可圖之處。隨著時間過去，財富增加的方式十分驚人。」

致富的第三定律：聽取理財專家的建議，謹慎投資，以確保財富

不會流失。

「的確，財富會緊跟著審慎的主人，逃離胡亂用錢的人。懂得向有理財智慧者尋求建議的人，能快速學會不讓自己的錢財冒風險，而且會確保錢財的安全，並享受財產不斷增長的滿足感。」

致富的第四定律：投資自己不熟悉的領域或用途，或是連投資高手都不看好的項目，財富就會從手中溜走。

「對於擁有資金，但又不擅長理財的人來說，許多投資方式似乎都有利可圖。如果讓善於理財的人進行適當的分析，就會發現某些投資的獲利可能性很小，而且常常有虧損的風險。因此，經驗不足的投資人若相信自己的判斷，投資於不熟悉的事業或用途，往往會發現自己判斷錯誤，並為自己的經驗不足花錢買教訓。因此，聽取理財專家的忠告，才是真正聰明的人。」

致富的第五定律：堅持把錢投入不可能獲利的投資項目，或者聽取騙子和有心人士的謊言，或是信任自己經驗不足的判斷和浪漫的投資想法，便會失去財富。

「投資新手常常會聽到夢幻、如冒險故事般令人心動的投資建議，這些建議似乎賜予錢財神奇的力量，可以賺取無法置信的高額利潤。但是要注意了，有智慧的人就會知道，號稱可以讓人迅速致富的投資計畫，背後都隱藏著風險。」

「不要忘了尼尼微的有錢人，他們不會讓自己血本無歸，或讓錢套牢在無法獲利的投資上。」

享受富足人生的關鍵

「我的致富五大定律故事就說到這裡。在訴說故事的同時，我也說出了自己成功的祕訣。」

「然而，這些也算不上什麼祕密，而是每個人必須先學會，然後遵循的道理。如果想擺脫貧苦大眾的生活，不想過得像野狗一樣，每天都得擔憂下一餐的著落，就應實踐這些定律。」

「明天，我們就要進入巴比倫城了。你們看！看到貝爾神廟上方不斷燃燒的聖火了嗎？這座黃金之城已經近在眼前。明天，你們每個人都會拿到錢，這是你們為我認真效力所獲得的報酬。」

「從今晚算起的十年後，你們這筆錢會有什麼變化？」

「如果你們像諾瑪西一樣，把一部分的錢用來建立自己的資產，並從此遵循阿卡德的智慧，那麼十年後，你們一定也會跟阿卡德的兒子一樣，變得富有且受人尊重。」

「明智的理財行為會伴隨我們一生，帶給我們滿足與幫助。同樣地，不明智的理財行為則會帶來困擾和折磨。唉！那將成為你揮之不去的經驗。人生最大且緊隨在側的折磨，就是想起那些應該好好把握卻錯失的機會。」

「巴比倫非常富裕，甚至無法用金子來衡量其財富。而且，這些財富還會年年增長。就像每塊土地所蘊藏的寶藏是留給雄心壯志者的獎勵，這些豐厚的報酬，也等著要賜給那些目標堅決、要賺取應得財富的人。」

「強烈渴望致富，是一種神奇的力量。運用對致富五大定律的了解，來引導這股力量，你就能享受到巴比倫的寶藏。」

重點回顧

- 投資理財要多留心警惕、勿輕信他人，以免誤入狡猾騙局，血本無歸。
- 致富的五大定律：

定律一：若能存下至少十分之一的收入，為自己和家人的未來建立資產，財富就會樂於臨門，並快速增值。

定律二：找到有利可圖的投資機會，錢就會勤奮樂意地替你工作，並讓財富像原野上的羊群般不斷繁衍增值。

定律三：聽取理財專家的建議，謹慎投資，以確保財富不會流失。

定律四：投資自己不熟悉的領域或用途，或是連投資高手都不看好的項目，財富就會從手中溜走。

定律五：堅持把錢投入不可能獲利的投資項目，或者聽取騙子和有心人士的謊言，或是信任自己經驗不足的判斷和浪漫的投資想法，便會失去財富。

- 慢慢賺錢的人，財富才留得下來，並會帶來喜悅和滿足感，因為財富是知識和長期目標的結晶。
- 明智的理財行為會伴隨我們一生，帶給我們滿足與幫助。同樣地，不明智的理財行為則會帶來困擾和折磨。

Chapter

6

巴比倫放款人的守財忠告

從這些故事中，你可以體認到人性的弱點，以及他們渴望借錢，卻不確定還錢的辦法。如果你冒著風險把錢借出去，最後賠光，就等於損失可以賺到更多錢的機會。別忘了，財富會偷偷地從不擅長守財的主人手中溜走。

巴比倫理財智慧

在做任何財務選擇時，都必須謹慎留意。

五十枚金幣耶！在古老的巴比倫城，兵器師傅羅丹的錢包裡從未有過這麼多金幣。他開心地步出那慷慨國王的皇宮，邁步走在皇宮外的大道上。羅丹每走一步，腰間一震動，錢包裡的金幣就會碰撞出悅耳的叮噹聲，這是他聽過最清脆美妙的音色。

五十枚金幣耶！全都是他的！他幾乎無法相信自己可以如此順遂。這些叮叮噹噹的金幣力量何其大！可以拿來買所有他想要的東西，如豪宅、土地、牛群、駱駝、馬匹、馬車等，無論他想要什麼都可以。

他應該怎麼運用這筆錢呢？當天晚上，他轉進姊姊家的巷子時，除了這些閃閃發光、沉甸甸的金幣之外，他想不到其他想要的東西，他只想把金幣留下來。

幾天後的一個晚上，羅丹心事重重地走進了馬松的商店，此人除了經營錢莊，也買賣珠寶和稀有布料。馬松的店裡精心地擺放了色彩鮮豔的物品，但是羅丹沒有左顧右盼，而是直接走向後方的廳堂。在廳堂內，他發現高貴的馬松慵懶地靠在毯子上，享用著黑奴端來的食物。

「我想請教你一些事情，因為我不知道該怎麼辦。」羅丹呈「人」字形地呆站著不動，敞開的皮外套露出了毛茸茸的胸膛。

臉龐消瘦、面色蠟黃的馬松露出友善的微笑，向羅丹打招呼，「你是做了什麼不可告人的事才來錢莊找我的幫忙嗎？你在賭桌上輸了錢嗎？還是有哪個豐滿的女人糾纏上你？我認識你很多年了，但是你從來沒有找過我幫你解決問題。」

「不是，不是啦，不是那樣的。我沒有要來借錢，而是想要聽你明智的建議。」

「聽啊！聽好啊！這個人在說什麼呀！哪有人會向錢莊尋求建議。一定是我的耳朵聽錯了。」

「你沒聽錯。」

「真的嗎？兵器師傅羅丹啊，你比其他人更有謀略，你來找我馬松，不是為了借錢，而是要問我的建議！很多人來找我，是為了借錢擺平他們的愚事，但是他們卻不想聽我給的忠告。然而，對於那些碰上麻煩的人而言，還有誰比放款人更能提供建議呢？」

「羅丹，來和我一起用餐吧！」他繼續說，「今晚來當我的客人。」他命令黑奴安杜：「幫我這位兵器師傅朋友羅丹拿一條毯子，他可是來尋求我的忠告的。他是我的貴客，給他送上豐盛的食物，把我最大的酒杯拿給他，替他挑最好的葡萄酒，讓他盡情暢飲。」

「現在，告訴我，你的問題是什麼？」

「是國王的禮物。」

「國王的禮物？國王賜你禮物，這帶給你麻煩了嗎？是什麼禮物？」

「他對我設計給皇家侍衛的新矛頭非常滿意，就給了我五十枚金幣。現在我非常苦惱，因為每天隨時有人求著要跟我分享這些錢。」

「那是當然的。想要錢的人肯定比有錢的人還多，他們會指望跟有錢人分一杯羹。但是，你不會說『不』嗎？你的意志力難道沒有像你的拳頭一樣強硬嗎？」

「我可以拒絕大部分的人，但是有些人我很輕易就同意了。難道你能拒絕跟自己親愛的姊姊分享財富嗎？」

「那倒未必，你的親姊姊應該也不想剝奪你享受自身財富的喜悅。」

「不過，她是為了她丈夫阿拉曼，因為她希望他能成為富商。她覺得丈夫沒有碰到好機運，所以懇求我把這筆錢借給他，讓他有機會成為飛黃騰達的商人，到時再從利潤中拿錢還我。」

「朋友啊，」馬松繼續說，「你提的問題很值得討論。一個人有了錢之後，不僅得承擔重責大任，而他與其他人的角色和關係更從此不同。錢帶來恐懼，因為有錢人會害怕賠錢，或擔心錢被人騙走。但錢也能賦予人力量，讓人覺得有能力做好事。不過，錢雖然為我們創造許多機會，但有錢的人也可能因心腸太好而徒增自身困擾。」

尼尼微的動物寓言：幫助的原則

「你有沒有聽說，尼尼微有一位農夫聽得懂動物的語言？我想你沒聽說過，因為這不是在煉爐旁工作的鑄銅匠會聊的故事。我會告訴你，是因為你應該知道，所謂的借貸不光是把錢從一個人的手中，轉移到另一個人的手中而已。」

這個能聽懂動物語言的農夫，每天晚上都逗留在農場中，想聽動物們在說些什麼。有一天晚上，他聽到公牛對驢子哀嘆自己的勞碌命：「我從早到晚都在努力拉犁耕田。不管天氣有多麼熱，不管我的腿有多累，或牛軛都磨破我的脖子了，我仍然必須工作。而你卻天生悠閒，披著一條五顏六色的毯子，什麼都不用做，只要載著主人去他想要去的地方就好。當他不用出門時，你就可以整天休息，吃吃綠草即可。」

雖然驢子有時會抬起後腿使勁亂踢，但牠還是個好心的傢伙，很同情公牛的遭遇。牠回答：「朋友，你工作很辛苦，我來幫你減輕一些吧！這樣吧，我告訴你怎樣可以休息一天。明天早上，當僕人來牽你去拉犁時，你就趴在地上痛苦地吼叫，這樣他會說你生病了，沒辦法工作。」

因此，公牛聽了驢子的建議。第二天早晨，僕人回去跟農夫說，公牛生病了，所以無法拉犁。

「那麼，牽驢子去拉犁。」農夫說，「因為犁田的工作不能停。」

「原本只打算幫助朋友的驢子發現，自己一整天都被迫去做公牛的工作。到了晚上，驢子拖的犁才被卸下來，牠的心裡很委屈，雙腿疲憊，脖子都被犁磨到破皮了。」

農夫逗留在穀倉裡偷聽。

公牛先說：「你是我的好朋友，因為你明智的建議，我舒舒服服地休息了一天。」

「而我呢？」驢子不服地說道，「就像心思單純的人一樣，一開始想幫助朋友，但最後卻落得要幫別人做活。從今以後，你自己去拉犁，因為我聽到主人告訴僕人，如果你再生病，就把你送去給屠夫宰了。我希望他會這麼做，因為你是個懶惰的傢伙。」

「從此之後，牠們不再交談，這件事也結束了牠們的友誼。羅丹，你知道這個故事的寓意嗎？」

羅丹回答：「這是個好故事，但我不明白其中的道理。」

「我覺得你也不明白，不過這個道理很簡單。它就是在告訴我們：如果你想幫助你的朋友，沒有問題，但前提是不要給自己帶來負擔。」

「我沒有想到這一點，這的確具有深刻寓意。我不想承擔我姊夫的重擔。但是，請告訴我，你借錢給那麼多人，難道他們都會還錢嗎？」

馬松通曉世故，他微笑道，「如果借款人還不出錢來，錢莊還會借錢給他嗎？放款人必須聰明，仔細判斷借款人是否可以把這筆錢用在有意義的用途上，並能還錢給他。或者，借款人無法明智地使用這筆錢，而把錢都浪費掉，以致財務虧空，這樣就無法還債了。我給你看看我抵押箱裡的抵押品，每件物品背後都有一個故事。」

抵押箱的借錢啟示

他走進房間，拿出一個和手臂等長、覆蓋著一塊紅色豬皮的箱子，箱子鑲有青銅的裝飾。他把箱子放在地上，蹲在箱子前面，雙手放在蓋子上。

「每個向我借錢的人，都必須留下抵押品在我的抵押箱裡，直到他們還清債務為止。當他們還清債務時，我會把東西還給他們，但是，如果他們一直沒還清，抵押品就會提醒我，哪些人失信於我。」

「我的抵押箱讓我學到，最安全的借貸，就是借錢給抵押品的價值超過借款金額的人。他們擁有土地、珠寶，駱駝，或其他可以出售來償還借款的物品。有些人給我的抵押品是比借款金額更高的珠寶；有些人則承諾，如果未依約償還借款，他們會用某種財產來還錢。對於這類借款，我可以放心能連本帶利收回我的本金，因為借貸的金額是根據對方抵押品的價值來估算的。」

「另一種是借錢給有能力賺錢的人，就像你一樣，他們以勞力或服務獲得報酬。他們有收入，如果他們有誠信，也沒有遭遇不測，我知道他們也能償還我借給他們的錢和議定好的利息，這類借款是以對方的賺錢能力來估算的。」

「其他的借款人既沒有財產，也沒有可靠的賺錢能力。他們的生活很艱苦，甚至有一些人的生活很難過得下去。唉！遇到這類借款人，除非他們的好朋友出面擔保他們的人格，否則就算金額不超過一分錢，我也不會借，不然往後幾年看到抵押箱裡的東西都會讓我心痛。」

馬松解開了釦環，打開了蓋子。羅丹急切地探頭過去。

在箱子的最上層是一條鋪在鮮紅色布上的青銅項鍊。馬松拿起項鍊，帶著感情地拍了拍，「這條項鍊將永遠留在我的抵押箱裡，因為物主已經過世了。我很珍惜他的抵押品，也懷念與他的回憶，因為他是我的好友。我們曾經一起做生意，而且做得很成功，直到他帶回一名東方美女，並娶進家門。但是那位東方女子和我們這裡的女人不同。她美豔動人，因此他開始大肆揮霍，希望滿足她的欲望。當他千金散盡時，他沮喪地來找我。我跟他商量，承諾願意幫助他擺脫困境。他對天發誓要重振旗鼓，但卻事與願違。他們夫妻在一次口角中，妻子用刀刺進了他的心臟。」

「那個女人後來怎麼樣了？」羅丹問道。

「問得好，這塊布就是她的。」他拿起鮮紅色的布，「她後來懊悔痛苦，就跳進幼發拉底河自盡了，所以這兩項債務將永遠無法還清。羅丹，這箱子告訴你，借錢給情緒苦悶的人風險太大了。」

「你看！這又是不同的故事了。」他伸手去拿一個用牛骨刻製的戒指，「這是一個農民的抵押品，我以前會向他太太買毯子。後來他們的農地遭蝗蟲入侵，沒有收成。因此，我借錢幫助了他，當他有了收成後就還清了債務。後來，他再次來我這裡，說他聽到旅客形容異國有一種奇特的羊。牠們的羊毛又長又細又柔軟，可以織成全巴比倫最漂亮的地毯。他想要買一批那種羊，但是他沒有錢，所以我借錢資助他去外地買下那批羊。現在他開始牧養那群羊了，明年我要用最昂貴的地毯讓巴比倫的王公貴族驚豔，他們得運氣夠好才能買得到。所以很快我就能還他戒指了，而他也堅持要馬上還款。」

「有人借錢後能很快還錢嗎？」羅丹問道。

「我發現如果他們借錢是為了能投資賺錢，那他們可以很快還錢。但是，如果他們借錢是因為不正當的理由，我警告你要小心，因為你借出去的錢可能再也拿不回來。」

「告訴我這個手鐲的故事。」羅丹邊問，邊拿起一條鑲著珍稀珠寶、設計罕見的沉甸甸金手鐲。

「朋友，看來你對女人特別感興趣。」馬松開玩笑說。

羅丹回嘴道：「我比你還年輕呢！」

「這我承認，但是這一次，可不是你想的浪漫故事。手鐲的物主是個肥胖、滿臉皺紋的老女人。她嘮嘮叨叨，說話又抓不到重點，簡直快把我弄瘋了。他們家曾經很有錢，也是我的好顧客，但是後來家道中落。她有一個兒子，她希望兒子能成為成功的商人。所以，她來找我借錢，讓她兒子可以跟一個駱駝商隊老闆合夥做生意，跟隨他們往返各城之間交易。」

「結果這個商隊老闆是壞人，趁她兒子睡覺時溜走，把這個可憐的男孩丟在異鄉，一個人身無分文、舉目無親。也許當這個年輕人長大後，他會償還債務。但在那之前，我沒有賺到利息，只有聽他老媽不停地抱怨。但是，我得承認這條手鐲是有抵押的價值。」

「老太太沒有請教你借貸的建議嗎？」

「根本相反。她想像她的兒子會成為巴比倫最有錢有勢的人，所以只要跟她講一些不順耳的勸告就會激怒她。我就被她破口大罵過。我知道借錢給她那涉世未深的兒子有風險，但是當她為兒子擔保時，我又不能拒絕她。」

馬松拿起一捆打了結的繩子繼續說道，「這是駱駝商人尼布托的。當他要買一批牲畜，但是資金不足時，他就會拿這捆繩子給我，然後我會根據他的資金需求，借錢給他。他是一個聰明的商人，我相信他的判斷能力良好，所以就算他沒有抵押品，我也願意借錢給他。我還對巴比倫許多商人很有信心，因為他們行事正直，而其抵押品也經常進進出出我的箱子。優質的商人是我們城市的資產，我幫助他們，不僅讓我可以賺到錢，也能活絡經濟，使巴比倫繁榮昌盛。」

馬松拿起了一個用綠松石雕刻的甲蟲，又不屑地丟在地上。「這是埃及來的臭蟲，拿這個東西來的小夥子不在乎我是否能收回我的錢。當我責備他時，他回答說：『當我霉運連連時，我哪有辦法還你錢？你有的是錢。』我能拿他怎麼辦？這個抵押品是他父親的。他父親是個小有恆產的可敬老先生，用自己的土地和牲畜來擔保兒子的事業。一開始這位年輕人生意還算成功，但他太急於賺大錢，偏偏做生意的知識又不足，所以事業就垮了。」

「年輕人很有野心，想要走捷徑獲得財富及夢寐以求的物質享受。為了迅速致富，年輕人常常亂借錢。他們經驗不足，所以無法意識到，沒有機會清償的債務就像一個深坑，會讓人快速陷落，掙扎許久也沒辦法爬出來。這是一個會讓人悲傷和懊悔的深坑，不僅白天不見天日，晚上也會輾轉難眠非常痛苦。」

「但是，我不反對借錢，我甚至鼓勵人借錢。如果錢是用在明智的用途上，我會建議他們勇於借貸。我自己第一次經商成功就是靠借錢而成的。」

「但是，像在上述情況，放款人應該怎麼做呢？上門來借錢的年輕人垂頭喪氣，一事無成，一副灰心失望的模樣，也不努力償還借款。我當初也於心不忍，但必須沒收他老父的土地和牲畜。」

守住財富的關鍵原則

羅丹鼓起勇氣說：「你說了很多有趣的故事，但是我還沒有聽到問題的答案。我應該借五十枚金幣給我姊夫嗎？畢竟這筆錢對我意義重大。」

「你姊姊是一位有品格的女士，我非常尊敬她。如果她丈夫來找我借五十枚金幣，我會問他要用這筆錢的目的。」

「如果他回答說，他希望成為像我這樣的商人，販售珠寶和華麗的家具。我會說：『你對做生意了解多少？你知道哪裡可以用最低價收購商品嗎？你知道你可以在哪裡賣出合理的價格嗎？』針對這些問題，他全部能回答『我知道』嗎？」

「不行，他答不出來。」羅丹承認說，「他只在製作長矛方面幫過我很大的忙，還在幾家店裡做過事而已。」

「那麼，我會對他說，他借錢的目的並不明智。商人必須學習經營之道。雖然他滿懷抱負值得稱許，但不切實際，所以我不會借錢給他。」

「但是，如果他說：『我懂的，我幫忙過商人做生意，知道如何前往斯麥納，並以低成本收購家庭主婦編織的地毯。我也認識許多巴比倫的有錢人，因此能將地毯高價轉賣給他們。』這時我會說：『你借錢的目的是明智的，你的抱負值得讚賞。如果你能保證會還清借款，我很樂意借你五十枚金幣。』但是，如果他說：『我沒有東西可以做擔保，只能用我的名譽向你保證，我一定會支付優厚的利息還清借款。』那麼我會回答：『我非常珍惜我的每一枚金幣。假如你前往斯麥納時，強盜搶走你的金幣，或者在你回程時偷走地毯，那麼你就沒有辦法還錢給我，而我金幣也都沒了。』」

馬松說：「羅丹，你要知道，金幣就是放款人的商品，要借出很容易。如果沒有想清楚就借出，會很難收回。聰明的放款人不希望承擔風險，而希望能保證安全取回資金。」

馬松繼續說：「可以幫助那些有困難的人，很好；可以幫助不幸的人，相當棒；可以幫助白手起家的人發展事業，成為身價不凡的人，是好事。但是，幫助別人必須要有智慧，以免像農夫的驢子一樣，原本是想幫別人，卻讓自己去承擔別人的負擔。」

「羅丹，我又扯遠了，但是你聽好我的回答了：守好這五十枚金幣。這是你用勞力賺來的錢，你沒有義務把錢拿去跟別人分享，除非你願意。如果你願意把錢借出去，以賺更多的錢，那麼請謹慎行事，並且借給多人以分散風險。我不喜歡閒置資金，但是我更不喜歡冒險賠錢。」

「你當兵器師傅多少年了？」

「整整三年。」

「除了這筆國王的犒賞之外，你還存了多少？」

「還有三枚金幣。」

「每年你辛苦工作，省吃儉用，一年從收入中存下一枚金幣嗎？」

「你說得對。」

「那麼你可能要靠省吃儉用，辛苦工作五十年，才能得到五十枚金幣？」

「恐怕要辛苦工作一輩子吧！」

「想想看，你姊姊為了讓她丈夫試試看能不能經商成功，竟然要你拿五十年辛苦在熔爐旁工作的積蓄來冒險？」

「我想她應該不會像你說的這樣。」

「所以，你就去跟她說：『這三年以來，除了齋戒日之外，我每天從早到晚辛苦工作，還捨不得買很多心中渴望的東西。這樣辛苦做工，省吃儉用之後，每年才存下一枚金幣。妳是我親愛的姊姊，我希望姊夫的事業能夠蓬勃發展。如果他向我提出一份商業計畫，而我朋友馬松看過也覺得計畫明智可行，那麼我很樂意借他我一整年存下的積蓄，使他有機會證明自己可以成功。』你就這麼說，如果他有渴望成功的靈魂，他就會證明給你看。就算最後計畫失敗了，他欠你的錢也不至於多到他一輩子無法償還。」

「我是放款人，因為我擁有的資金遠多過生意所需，所以我希望我的餘錢可以為他人效力，從而賺取更多的錢。我不想冒險損失自己的錢，因為我付出了很多努力、省吃儉用才存下這些錢。因此，除非我確定我的錢能夠安全收回，不然我不會把錢借給別人。如果我認為對方不會立刻還錢，我也不會借錢給他。」

管理財富的金錢哲學

「羅丹，我已經告訴你我抵押品箱子裡的一些祕密。從這些故事中，你可以體認到人性的弱點，以及他們渴望借錢，卻不確定還錢的辦法。從這裡就可以看出，人們對『只要有資金，就能賺大錢』懷抱過高的期望，但是他們卻沒有能力，或缺乏相關訓練去達成致富目標。」

「羅丹，你現在有了資金，應該用它幫你賺更多的錢。你也能像我一樣，當個放款的金主。如果你謹慎管理你的財富，它將為你帶來豐厚的收入，成為一生幸福和財富的豐富泉源。但是，如果你讓財富從手中溜走，就會在有生之年不時感到悲傷和遺憾。」

「你最想怎麼處理你錢包裡的那筆錢呢？」

「看好它。」

「說得好。」馬松贊同地回答，「你首先期望的是財物安全有保障。想想看在你姊夫的監管下，這筆錢還能安全無恙，不蒙受損失嗎？」

「恐怕沒辦法，因為他並不擅長守財。」

「所以，不要被愚昧的人情壓力所影響，就把你的錢財託付給別人。如果你想幫助你的家人或朋友，可以找其他方法，但不要冒著損失自身財富的風險。別忘了，財富會偷偷地從不擅長守財的主人手中溜走。這就好比是拿錢給別人，要對方幫你揮霍財產一樣。」

「在確保財產安全之後，接下來你想怎麼辦？」

「用它來賺更多的錢。」

「你又說了有智慧的話。應該用錢來賺錢，讓財富成長。以你現在的年紀，若能明智地投資，可能在你老之前，收益就翻倍了。如果你冒著風險把錢借出去，最後賠光，就等於損失可以賺到更多錢的機會。」

「因此，不要受那些不切實際者的影響，他們只會提出夢幻的計畫，以為能用你的錢發大財。這樣的計畫只是那些人的白日夢，他們不懂安全可靠的經商法則。投資賺錢謹慎為上，這樣才能賺到錢，也享受到財富。你若以為有暴利的機會，便把錢借出，只會招來損失。」

「與有成就的人和企業往來，借助他們的理財專業幫你賺錢，而他們的智慧和經驗也能保護你財產的安全。」

「因此，願你避免大多數人的不幸，畢竟這些人也曾蒙眾神恩待賜予財富。」

當羅丹感謝他提供明智的建議時，馬松沒有在聽，只是繼續說：「國王的賞賜應該會教給你很多智慧。如果你想保留這五十枚金幣，就必須謹慎。你會面臨許多消費誘惑，也會聽到許多理財建議，而很多發大財的機會也會上門。你要謹記我抵押品箱子裡的故事，在你讓任何金幣離開荷包之前，要確定你可以把錢安全收回來。如果你想從我這聽更多的建議，請回來問我，我很樂意提供。」

「在你離開之前，請念一下我刻在抵押品箱蓋下方的一句話，這句話同樣適用於借款人和放款人：多一分謹慎，少一分遺憾。」

重點回顧

- 沒有機會清償的債務就像一個深坑，會讓人快速陷落，掙扎許久也沒辦法爬出來。
- 如果錢是用在明智的用途上，借貸理財也是個可行之選。
- 除非確定錢能夠安全收回，不然不要輕易把錢借給別人。
- 謹慎管理你的財富，它將為你帶來豐厚的收入，成為一生幸福和財富的豐富泉源。
- 不要被愚昧的人情壓力所影響，就把錢財託付給別人。
- 在確保財產安全之後，應該用錢來賺錢，讓財富成長。
- 投資賺錢謹慎為上，這樣才能賺到錢，也享受到財富。

Chapter

7

巴比倫護城牆的財務保障啟示

巴比倫能世世代代長盛不衰，就是因為它受到全面的防禦保護，否則它也承受不起敵人的攻擊。巴比倫的城牆是絕佳的範例，說明了人們需要也渴望受到保護。現在，保險、儲蓄帳戶和可靠的投資就像固若金湯的城牆。我們可以保護自己，防範突發的意外悲劇，畢竟悲劇可能降臨在任何人身上。

巴比倫理財智慧

要建立足夠的預防措施，否則後果不堪設想。

年老的班札爾曾是一名堅毅的戰士，此刻他正在通往巴比倫古老城牆高處的通道上，站崗守衛。在他上頭，英勇的戰士正在奮力守衛城牆，他們身上背負著這座擁有數十萬市民的偉大城市的存亡。

城牆外傳來了敵軍的吼叫、士兵的怒吼、萬馬奔騰的踏蹄聲，以及破城槌衝撞青銅城門發出震耳欲聾的轟隆聲。

在城門後方的街道上，一群槍兵隨時待命，萬一城門被攻破時，他們要捍衛入口，但是執行這項任務的槍兵並不多。巴比倫的主力軍隊與他們的國王一同遠征東方的埃蘭人。沒人料到，敵人竟然趁巴比倫派兵遠征時發動攻擊，所以剩下來的防禦兵力很少。亞述人的強大軍隊突如其來地從北方來襲。而現在，必須守住城牆，否則巴比倫就要被攻陷了。

班札爾四周圍繞著大批民眾，大家臉色蒼白、面目驚恐，所有人焦急地要打聽戰況。他們目瞪口呆地看著傷亡的士兵從通道不斷地被抬進、抬出。

城牆守衛戰：意外降臨如何有備無患？

現在是交戰的關鍵時刻。敵軍在圍城三天後，突然集中火力攻擊這段城牆和這扇城門。

敵人利用雲梯登上城牆，而城牆上頭的士兵則用弓箭、滾燙的熱油來阻擋。如果有敵人登上城頂，他們就用長矛刺殺。敵軍為了對抗守城的士兵，數千名弓箭手也以萬箭齊發來進攻。

年老的班札爾站在離戰場最近的絕佳位置，能夠掌握最新的戰況，所以他也第一個聽到擊退瘋狂敵軍的消息。

一位年邁的商人擠到他身旁，雙手不停顫抖，「告訴我！告訴我！」他懇求說，「他們進不來的，我的兒子全都跟國王遠征了，沒有人可以保護我的老妻。他們會偷走我的一切，我的食物也會被他們拿個精光。我們已經老了，老到無法自保，我們這麼老被抓去當戰俘會受不了的。我們會餓死，活不下來。告訴我，他們進不來的。」

班札爾回答：「我們的好商人，請冷靜下來。巴比倫的城牆很堅固，請回到市集廣場，告訴你的妻子，城牆會保護你們和你們的所有財產，就像保護國王豐富的財產一樣。請緊靠牆壁走，以免亂箭飛過射到你！」

老商人離開後，一名抱著嬰兒的婦女上前詢問：「長官，城牆上面有什麼消息嗎？請告訴我實情，我好讓我可憐的丈夫安心。他因為受傷，發燒得很厲害，但他還是堅持要穿上盔甲和拿長矛來保護我和孩子。他說，如果敵人破城而入，他們報復的念頭會很強烈。」

「這位善良的母親，我再次向妳保證，巴比倫的城牆會保護妳和妳的孩子。城牆又高又堅固。當我們英勇的士兵把一鍋鍋的熱油往下倒時，妳沒聽到敵軍雲梯上的士兵在哀號嗎？」

「有，我聽到了，但是我還聽到破城槌撞擊城門的巨響。」

「回到妳丈夫身邊吧！告訴他城門很堅固，可以抵擋破城槌。另外，敵人就算爬上城牆，也會被我方等候多時的長矛兵刺殺。請小心看路，趕快躲在建築物的下方。」

班札爾退到一邊，讓路給全副武裝的增援部隊通過。他們邁著穩健有力的步伐向前行，手上的銅盾發出鏗鏘聲響。等他們走過後，有個小女孩扯了扯班札爾的腰帶。

「請告訴我，士兵，我們安全嗎？」她懇求問，「我聽到可怕的聲音，還看到好多大人在流血。我好害怕，我們的家人、我媽媽、弟弟和小嬰兒會不會怎麼樣？」

這位堅強的沙場老將眨了眨眼，俯身看著小女孩。

「別害怕，小朋友。」他向她保證，「巴比倫的城牆會保護妳、媽媽、弟弟和小嬰兒。賽米拉米斯女王在一百多年前建造城牆時，就是為了保護像你們這樣的百姓，這些城牆從未被攻破過。回去告訴妳的母親、弟弟和小嬰兒，巴比倫的城牆會保護他們，他們不需要害怕。」

老班札爾一天又一天地看守他的崗位，看著增援部隊列隊經過城牆的通道，準備作戰，然後奮勇殺敵，直到受傷或死亡，才敗陣下來。他身邊總是擠滿著驚恐的民眾，他們急切地想知道城牆是否能夠擋住敵軍。他以老將的尊嚴回答大家：「巴比倫的城牆會保護你們的。」

戰事進行了三個星期又五天，猛烈攻勢幾乎沒有停歇的跡象。許多人受傷，傷者流的血染濕了班札爾身後的通道，但是還是有人繼續上陣、下陣，地上的血和泥土混雜在一起，班札爾的臉色也愈來愈沉重嚴肅。城牆外每天堆積了許多敵軍的屍體，到了晚上，他們的同胞會把屍體帶回去埋葬。

到了第四個星期的第五天晚上，戰事仍未止息。但當清晨的第一道曙光照亮了大地，才發現敵軍撤退了軍團，地面揚起滾滾的沙塵。守衛的士兵大聲歡呼，大家都知道這代表什麼。城牆後方備戰的士兵也不斷傳出歡呼聲，市民的歡呼聲也在街上迴盪，歡欣的氣氛像是狂風般席捲了整個巴比倫。

人們衝出屋外，街道上擠滿了群情激動的民眾，這幾個星期以來壓抑的恐懼也隨著眾人的狂喜亢奮得到了宣洩。貝爾神廟高塔頂部燃起了勝利的火焰，青煙繚繞上升，把戰勝的信息傳向遠方。

為人生與財富築起防護牆

巴比倫的城牆再次擊退了強大難纏的敵人，他們原本意圖掠奪城內豐富的財寶，並奴役城中的百姓。

巴比倫能世世代代長盛不衰，就是因為它受到**全面的防禦保護**，否則它也承受不起敵人的攻擊。

巴比倫的城牆是絕佳的範例，說明了人們需要也渴望受到保護。這種渴望是人類的天性，從古至今一樣強烈，但是我們已經發展出更廣泛，也更好的計畫來實現同樣的保護目標。

現在，保險、儲蓄帳戶和可靠的投資就像固若金湯的城牆。我們可以保護自己，防範突發的意外悲劇，畢竟悲劇可能降臨在任何人身上。

重點回顧

- 巴比倫能世世代代長盛不衰，正是因為它及早建立起全面的防禦保護。同理可證，理財規畫和經濟、生活的保障，也應愈早開始愈好。
- 巴比倫的城牆是絕佳的範例，說明了人們需要也渴望受到保護。而懂得未雨綢繆的人，才能有效保護自己應對災禍危機。
- 保險、儲蓄帳戶和可靠的投資就像固若金湯的城牆，可以保護自己，防範突發的意外悲劇。

Chapter

8

巴比倫駱駝商人的理債心法

每個人都會尊重自己，但是誰也無法尊重沒有老實償還債務的自己。你的債務就是你的敵人，你放任它們不處理，它們就變得更強大。飢餓又怎樣？口渴又如何？你準備好踏上讓你贏回自尊的路嗎？你能看到世界的真實顏色嗎？

巴比倫理財智慧

只要立定心志，就能找到方法。

一個人愈餓的時候，他的思緒會愈清晰，對食物的氣味也愈敏感。

阿祖爾的兒子塔卡德肯定是這麼想的。除了從隔壁花園偷摘的兩顆無花果，他已經整整兩天沒有吃東西。塔卡德還來不及摘第三顆，鄰家那名憤怒的女人就衝了出來，一路追趕到街上。當他穿過市場時，她尖銳的叫聲仍在他耳邊迴盪，這揮之不去的聲音讓他克制住自己不安分的手指，沒有去偷市場婦女籃子裡誘人的水果。

過去，他從來都沒發覺有這麼多食物被運送到巴比倫市場，也不知道它們聞起來竟會這麼香甜。他離開市場，穿過街道，來到客棧，在食堂前來回踱步。也許他可以在這裡遇到認識的人，對方能借給他一枚銅幣，好讓不友善的客棧老闆對他招呼微笑。只要借到一點錢就能幫他一個大忙了。他心知肚明，身上沒有錢，老闆是不會歡迎他的。

正當他想得出神時，他赫然發現自己與最不想見面的人撞了個正著，那人就是高大削瘦的駱駝商人達巴西爾。在所有借錢給塔卡德的友人當中，達巴西爾令他最不自在，因為塔卡德自己沒有信守承諾，盡快還錢。

達巴西爾一看到他，眼睛一亮，「啊哈！這不是塔卡德嗎？我一直在找你，要你還錢。我一個月前借你兩枚銅幣，更早之前還借給你一枚銀幣。今天碰到你剛好，我正巧要用錢呢。怎樣啊，小子？怎樣啊？」

塔卡德結結巴巴，臉都紅了起來。他的肚子空空，沒有力氣與坦率的達巴西爾爭論，「我很抱歉，非常抱歉。」他嘀嘀咕咕的，「但是我今天沒有銅幣或銀幣可以還你。」

「那就去生錢出來啊！」達巴西爾堅持說：「我是你父親的老朋友，你肯定能弄到幾枚銅幣、銀幣來還錢的。我可是在你有困難的時候解囊相助耶！」

「我運氣不好，所以沒辦法還錢。」

「運氣不好！你竟然可以把自己的軟弱歸咎於眾神。只想借錢卻不還錢的人，才會受到命運的捉弄。小子，跟我來，現在我要吃飯。我餓了，等一下我告訴你一個故事。」

達巴西爾說話殘酷而坦率，讓塔卡德望而卻步，但至少是邀請他進入令人垂涎的食堂。

達巴西爾推著他走到房間的角落，兩人在小墊子上坐了下來。

當餐廳老闆考斯可面帶笑容來招呼時，達巴西爾一貫輕鬆隨意地對他說：「你這沙漠的胖蜥蜴，給我送來一隻山羊腿，要烤得鮮嫩多汁，還要給我麵包和各種蔬菜。我快餓扁了，想要大吃一頓。另外，別忘了給我這位朋友一壺水，水要放涼，畢竟天氣太熱了。」

塔卡德聽了很失望，他必須坐在這裡，卻只能喝水，然後眼巴巴地看著這個人大啖一整隻山羊腿？他什麼也沒說，他也想不到可以說什麼。

然而，達巴西爾才不是低調安靜的人。他面帶微笑，和其他熟識他的食堂客人友善地揮手打招呼。

「我聽一位剛從烏爾法回來的旅人說，有個富翁有一塊切割得極薄、薄到可以透視的寶石。他把這塊寶石鑲在窗上以遮擋雨水。根據旅人的描述，寶石是黃色的，他獲得主人的允許去透視這塊寶石，結果外面世界看起來全都變得很奇妙，不像真實的世界。塔卡德，你覺得呢？想想看，一個人居然能看到不同顏色的世界？」

塔卡德這個年輕人回答：「我敢說那是可能的。」其實他更感興趣的是達巴西爾面前的山羊腿肥肉。

「好吧，我知道這是真的，因為我本人也曾看過與現實完全不同的世界，而我現在要講的故事，是有關我如何再次發現世界的真實色彩。」

脫貧致富的冒險歷練

「達巴西爾要講故事了。」鄰座用餐者跟旁邊的人竊竊私語，並拉著他自己的坐墊向達巴西爾湊了過去。其他的客人也把食物帶過來，大家圍坐成半圓形。他們在塔卡德的耳邊嘎吱嘎吱地大啖美食，拿著帶肥肉的腿骨在他眼前晃來晃去。就只有他一個人沒有東西可以吃。達巴西爾也沒有說要分食物給他，甚至有一小角的麵包從盤子掉到地上，也沒有示意塔卡德能撿起來吃。

「我要說的故事，」達巴西爾開口，又停下來咬了一大口的山羊腿肉，「和我早年的生活有關，以及我成為駱駝商人的經歷。在座有人知道我曾經在敘利亞當過奴隸嗎？」

大家驚訝地竊竊私語，達巴西爾聽聞眾人的反應感到很滿意。

達巴西爾大咬一口山羊肉後繼續說：

奢侈成性，跌入人生谷底

我年輕的時候，就跟著我父親學做生意。他是個馬鞍師傅。我在他的店裡和他一起工作，還娶了個老婆。那時我還年輕，手藝普通，所以只能賺一點點錢，勉強讓我賢慧的老婆過著樸實的日子。我渴望買超過我能力範圍的奢侈品，很快我發現，雖然我不能馬上付款，但是商店老闆相信我以後會還款，所以讓我賒帳。

那時我年輕，又沒有經驗，我並不知道，入不敷出就像在種下毫無用處、自我放縱的種子，將來必定會遭受麻煩和屈辱的苦果。因此，我沉迷於替妻子和家人購買華服和奢侈品，而那些都超過我們的能力負擔。

我有錢就花，左進右出，好一陣都還撐得住。但是很快我就發現，我的收入無法同時用來支付生活開銷和償還債務。債主開始上門要我還清奢侈品的貨款，我的生活變得悲慘。我向朋友借錢，但也無法還錢，事情變得愈來愈糟。我的妻子回去投靠娘家，而我也決定離開巴比倫，到其他城市看看是否有更好的發展機會。

那兩年，我替沙漠商隊工作，不得休息，也沒有成就。然後，我加入一群類似強盜的幫派，他們在沙漠中搶奪手無寸鐵的沙漠商隊。這樣的行為真的不配做我父親的兒子，但是我當時透過一塊有色的寶石來看這個世界，沒有意識到自己墮落到了什麼樣的地步。

我們第一次打劫很成功，擄獲了大量金幣、絲綢和有價值的商品。我們把戰利品帶到吉尼爾城，然後揮霍一空。

第二次就沒有那麼幸運了，我們才剛搶奪完，當地頭子就帶領長矛兵襲擊我們，這個部隊是商隊雇來自保的。我們有兩位老大被殺，其餘的人被帶到大馬士革，在那裡我們的衣服被剝光，被賣去當奴隸。

一名敘利亞的沙漠頭子用兩枚銀幣把我買下。我的頭髮被剪掉，只有腰上掛了件破布，與其他奴隸沒什麼兩樣。當時我還是個魯莽的年輕人，我以為這不過是一場冒險，直到我的主人把我帶到他四個妻妾面前，並告訴她們，可以把我閹了當僕人使喚。

那時，我才明白我的處境有多絕望。那些沙漠漢子兇猛好戰，我卻手無寸鐵，無法逃跑，任憑他們宰割。

當那四個女人看著我時，我害怕地站在那裡。我心想，她們有沒有可能同情我。大老婆西拉年紀比其他人大，她面無表情地打量著我。我無法從她身上得到一絲慰藉，於是把頭轉開；二老婆是一名高傲的美人，她冷漠地凝視著我，好像我是地上的蟲子；兩位年輕的小妾吃吃地笑，好像在看笑話一樣。

我呆站在那等候她們的判決，彷彿等到了天荒地老。每個妻妾似乎都在等其他人下決定。最後，西拉用冷淡的口氣說話了。

「我們已經有很多閹人了，但是沒幾個照顧駱駝的工人，而且那幾個也都沒什麼用。甚至像今天，我要去探望我發燒的母親，還沒有一個信得過的僕人能牽我的駱駝。問這個奴隸會不會牽駱駝。」

於是我的主人問我：「你對駱駝了解多少？」

我努力掩藏想照顧駱駝的渴望，答道：「我可以讓牠們跪下、幫牠們裝載貨物，也能帶領牠們長途旅行而不疲累。如果有需要，我還會修理牠們的鞍套。」

「這個奴隸說這些想必是很懂了。」我的主人說，「西拉，如果妳要的話，就帶這個人去照顧妳的駱駝吧！」

所以，我被轉交給了西拉。當天，我就帶著她的駱駝走了一段漫長的路去探望她生病的母親。我藉此機會感謝她幫我說情，並告訴她我不是天生的奴隸，而是自由人的兒子，父親是巴比倫可敬的馬鞍師傅，我還告訴她很多我的故事。她的回答令我震撼，但是之後我一直思索她那一番話。

奴隸靈魂vs自由人靈魂：改變人生的關鍵思考

「當你的軟弱都使你落到這種田地了，你還好意思說自己是自由人？如果一個人內心住著奴隸的靈魂，無論他的出身如何，他終究會淪為奴隸，就如同水會流到自己的水平位置。如果一個人內心住著自由人的靈魂，儘管他遭受不幸，他也會讓自己在城裡獲得尊敬和榮譽。」

之後一年多，我就當奴隸，並與其他奴隸住在一起，但是我無法融入他們。有一天，西拉問我：「晚上當其他奴隸在交談玩樂時，為什麼你總是獨坐在帳篷裡呢？」

我回答：「我在思考妳對我說的話，我想知道我是否有奴隸的靈魂。所以我必須和他們分開，不能融入他們。」

她說：「我也是需要自己待著。我的嫁妝很豐富，所以我的丈夫才娶我，但是他不愛我。每個女人都渴望被愛呀！再加上我生不出孩子，沒有兒子也沒有女兒，所以我總是獨坐一旁。如果我是男人，我寧死也不願成為像這樣的婚奴，但是我們部落的習俗視女人形同奴隸。」

「現在妳對我有什麼看法？」我突然問她：「我有男子漢的靈魂，還是奴隸的靈魂？」

「你是否很想償還你在巴比倫所應還的債務？」她迴避了我的問題。

「是的，我很想，但我不知道方法。」

「如果你安於現況，讓時間流逝，不努力去還債，那麼你就只有奴隸卑劣的靈魂。每個人都會尊重自己，但是誰也無法尊重沒有老實償還債務的自己。」

「但是現在我人在敘利亞當奴隸，能怎麼辦？」

「那就待在敘利亞當奴隸，你這個懦夫。」

「我不是懦夫！」我憤怒地否認。

「那就證明啊！」

「怎麼證明？」

「你們偉大的巴比倫國王難道不是盡一切力量和兵力與敵人作戰嗎？你的債務就是你的敵人，是它們把你逼出巴比倫的。你放任它們不處理，它們就變得更強大。你如果當初像個男人一樣對抗它們，就能戰勝它們，成為城裡受人尊重的人。然而，你卻沒有與它們對抗的靈魂，眼睜睜地看著尊嚴被耗盡，最終來到敘利亞當奴隸。」

我一直想著她不留情面的指責，同時也想了許多反駁的說詞，來證明自己的內心不是住著奴隸的靈魂，但是我沒有機會說出來。三天後，西拉的女僕把我帶去見她。

她說：「我母親又生重病了。去我丈夫的駱駝群中找出兩隻最好的駱駝，綁好水袋和鞍袋，準備長途旅程。女僕會在廚房給你準備好食物。」我整理好駱駝的行囊，納悶著女僕為什麼準備了這麼多食物，因為女主人母親的家離這裡不到一天的路程。女僕騎著後面的駱駝，而我牽著女主人的駱駝。當我們抵達她母親的房子時，天已經黑了。西拉支開了女僕，對我說：

「達巴西爾，你擁有自由人的靈魂，還是奴隸的靈魂？」

「自由人的靈魂。」我堅稱。

「現在是你證明的機會。你的主人已經喝醉了，他的工頭也都喝得爛醉。帶著這些駱駝，快逃走吧！這個袋子裡是你主人的衣服，你穿上去可以假裝是他。我會說，是你在我回娘家看生病的母親時，偷走駱駝逃跑了。」

「妳有女王般的靈魂，」我告訴她，「我非常希望能給妳幸福。」

她回答：「遠走他鄉和別人私奔的有夫之婦，是不會幸福的。你走你的路吧！前方路途遙遠，又欠缺糧食和水，願沙漠之神保護你。」

與自己戰鬥，走出人生新局

我不再勉強她，只是誠摯地感謝她，並趕在深夜上路。我對這個陌生的國度一無所知，對巴比倫的方向也只有模糊的概念，但是我仍勇敢地橫越沙漠，朝山丘的方向走。我騎著一隻駱駝，另外又牽著一隻駱駝，整夜通宵趕路，第二天也是整日趕路。因為我知道，那些偷走主人財產，並試圖逃走的奴隸，會有什麼可怕的下場。

那天黃昏，我來到一個如沙漠般不宜居的蠻荒之地。我兩隻忠實的駱駝腳底都被鋒利的岩石給磨破了，不久牠們腳底就刺痛得要慢慢地走著。一路上我沒有遇到別人，也沒有看到動物，而我也明白為什麼大家都要避開這片荒涼赤地。

我想很少有人能存活下來描述這趟旅程。猛烈陽光無情地曝曬大地，我們一天又一天地蹣跚前進，糧食和飲水都用光了。到了第九天晚上，我從駱駝背上滑下來，覺得自己虛弱到再也騎不上去。我認為自己必死無疑，就要消失在這個被遺棄的國度裡。

我呈大字型地躺在地上睡著了，直到清晨的第一道曙光才醒來。

我坐了起來，環顧四周，早晨的空氣涼爽，而我的兩隻駱駝消沉地躺在不遠處。四周盡是殘破的景象，布滿岩石、沙土和荊棘，沒有水的跡象，更沒有東西可以給人或駱駝吃。

難道我要在這樣安詳的寧靜中，面對人生的終點嗎？我的思緒從沒有這麼清晰，而我的肉體似乎也不那麼重要了。儘管我嘴唇乾裂出血，舌頭乾燥腫脹，胃更是空無食物，但前一天的極度痛苦都彷彿消失了。

我放眼看向令人生厭的遠方，再次問自己：「我擁有奴隸的靈魂，還是自由人的靈魂？」然後我清楚體會出一個道理，如果我擁有奴隸的靈魂，我應該放棄，躺在沙漠中死去，這裡是適合落跑奴隸的人生終點。

但是，如果我有自由人的靈魂，那我又會怎麼做？我當然會強迫自己回到巴比倫，還錢給那些曾信任我的人，給真正愛我的妻子幸福，並給父母帶來安寧與滿足。

西拉曾說：「債務是把你趕出巴比倫的敵人。」是的，的確是這樣。為什麼我沒有像個男子漢一樣堅守立場？為什麼我讓妻子回去投靠娘家？

然後奇怪的事情發生了，整個世界似乎都變了顏色，彷彿我一直透過一塊有色的寶石來看世界，而現在這個蒙蔽我目光的寶石突然被挪開了。最後，我看到了人生的真正價值。

我可不要死在沙漠裡！有了全新的理想，我看到了我必須去做的事情。首先，我要重歸故土，回到巴比倫，面對我所有的債主。我要告訴他們，經過多年的流浪和不幸，我終於回來，只要眾神允許，我會以最快的速度償還債務。接著，我要好好安頓我的妻子，並且成為父母引以為傲的人。

我的債務是我的敵人，但是那些債主是我的朋友，因為他們信任我。

我搖搖晃晃虛弱地站了起來。飢餓又怎樣？口渴又如何？它們只不過是回到巴比倫路上所發生的小插曲。我內心湧現出自由人的靈魂，我要回去征服敵人，並報答我的朋友。我為這個深刻覺悟振奮不已。

我的駱駝從我沙啞的聲音中聽出不尋常之處，原本呆滯的眼神頓時為之一亮。牠們經過多次努力，費盡力氣，才又站了起來。憑藉著令人心疼的毅力，牠們拖著腳步朝北方前進。我心中有個聲音告訴我：「只要朝著北方走，就一定能找到巴比倫！」

後來，我們找到了水，進入了一個較豐饒富庶的國度，當地滿是青草和果子。我們也找到了回巴比倫的路。而夢想之所以成真，是因為自由人的靈魂視人生為一連串需要解決的問題，並著手處理，而奴隸的靈魂卻只會埋怨：「我只是個奴隸，還能怎麼辦？」

揮別債務的翻轉人生思維

故事說完，達巴西爾問：「你呢，塔卡德？你空無食物的肚子有使你的頭腦變得格外清晰嗎？你準備好踏上讓你贏回自尊的路嗎？你能看到世界的真實顏色嗎？無論債務多少，你是否想償還你的債務，贏得巴比倫人對你的尊敬？」

塔卡德這時眼眶濕潤，他迫不及待地站起來，「你讓我看到了一個新世界，我已經感受到自由人的靈魂在我內心湧動。」

「但是你回來後，有何進展？」一名很感興趣的聽眾問道。

「**只要立定心志，就能找到方法。**」達巴西爾回答，「我已經下定決心，所以開始尋找還債方法。首先，我拜訪了每一位債主，懇求對方給我寬限期，等我賺到錢就還。他們大多數的人很高興見到我，雖然有幾個人把我罵了一頓，但是其他人則願意幫我一把。其中，放款人馬松給了我急需的幫助。他得知我曾在敘利亞照顧駱駝，所以介紹我去找駱駝商人老尼布托，我們的好國王剛委託他替遠征軍隊購買大批健壯的駱駝。在他手下工作，我對駱駝的知識剛好派上用場。漸漸地，我能夠償還所積欠的銅幣和銀幣。最後，我終於能抬頭挺胸，感覺自己在人群中是可敬的人。」

達巴西爾再次轉向他的食物，他大聲叫喊，讓廚房裡的人可以聽到：「考斯可，你是蝸牛啊！食物都冷掉了。給我送上更多剛烤好的肉，也給我老朋友的兒子塔卡德一大塊烤肉，他餓了，讓他和我一起吃飯。」

巴比倫駱駝商人老達巴西爾的故事就這樣結束了。當他領悟這偉大的真理時，他便找到了自己的靈魂，而這個真理是遠古時代的智者早就知道和運用的。

「只要立定心志，就能找到方法。」這個真理帶領各個年齡層的人擺脫困境，邁向成功。對於那些富有悟性、了解當中魔力的人，這個真理會繼續發揮功效。任何讀到這句話的人，都能獲益良多。

重點回顧

- 沉迷於自身無法負擔的奢侈品，並無法讓人致富。入不敷出就像在種下毫無用處、自我放縱的種子，將來必定會遭受麻煩和屈辱的苦果。
- 如果人安於現況，讓時間流逝，不努力去還債，那麼他就只有奴隸卑劣的靈魂。
- 自由人的靈魂視人生為一連串需要解決的問題，並著手處理。
- 只要有決心與明確目標，就能找到方法擺脫困境，邁向成功。

Chapter

9

巴比倫泥版的理財智慧

他希望其他人從他切身的痛苦經歷中獲得教訓。這就是為什麼他願意花這麼多時間，把他的故事刻寫在泥版上。他向同樣受苦的人傳達了一則不移的至理，這則訊息非常重要，以至於五千年後的今天，當泥版從巴比倫的廢墟中被挖出來時，其道理就像當年被埋葬的時候一樣真實，顛撲不破。

巴比倫理財智慧

謹守「一〇%儲蓄投資、二〇%還債、七〇%生活支出」的理財計畫。

聖斯威辛學院
諾丁翰大學
特倫特河畔紐瓦克
諾丁翰

一九三四年十月二十一日

致富蘭克林．考德威爾教授，
煩請美索不達米亞希拉城的英國科學探險隊轉交。

親愛的教授：

最近您從巴比倫廢墟挖掘出的五塊泥版，已與您的來信隨著同一艘船送達。我一直對泥版上的內容著迷不已，花了許多時間愉快地翻譯上面的文字。我本應該立即回覆您的來信，但是一直延到我翻譯完才動筆，現在附上譯文如後。

泥版送來時沒有損壞，這得歸功於您細心使用文物保護劑和包裝良好。

您會對泥版上的故事大感驚訝，如同我們在研究室的反應一樣。人們一般會期待內容是關於未知遠古的浪漫冒險傳奇，您知道的，就像《一千零一夜》之類的故事。然而，這些泥版講的是一個叫達巴西爾的人還清債務的故事。我們經由泥版才了解到，古老世界的狀況如同今日，這五千年來沒有發生太大的變化。

是這樣的，奇怪的是，正如學生們所說，這些古老的銘文讓我有點「生氣」。我身為大學教授，應該是有思考能力的人，具備大多數領域的實用知識。然而，這位從巴比倫塵封遺跡中跑出來的老傢伙，提供了一種我從未聽說過的方法來償還債務，甚至還教我們如何在荷包裡增加叮噹作響的錢幣。

我覺得這是令人開心的想法。而且，若能證明古代巴比倫的方法也適用於今日，那會很有趣。我和我太太正計畫把他的方法運用在我們的財務狀況上，這可能會大大改善我們的問題。

祝您崇高的工作一切順利，並殷切期盼能有再次合作的機會。

考古學系　阿爾弗雷德．舒斯伯里敬上

泥版一：儲蓄與花費的分配原則

今晚，正好是月圓時分，我，達巴西爾，剛從被賣為奴隸的敘利亞回來。我下定決心要償還我的多筆債務，並在故鄉巴比倫成為受人尊敬的有錢人。所以，我在這塊泥版上刻下我的事蹟作為永久記錄，藉以指導和協助我實現這崇高的願望。

在我的好朋友放款人馬松的睿智建議下，我決定遵循一套確切的計畫。他說過，這將使正派的人擺脫債務，變成有錢和自重的人。

這套計畫包括我所希望和期待的三個目標。

首先，這個計畫能為我打造富足的未來。

因此，我賺的全部收入的十分之一將留給自己。

馬松說得有道理：「錢包裡若有多餘的金幣和銀幣，表示他能照顧其家人，更能對國王忠誠。」

「錢包裡若只有少少幾個銅幣，表示那個人對家人和國王都漠不關心。」

「但是，錢包若空空如也，表示那個人沒有善待家人，也對國王不忠，因為他的內心很尖酸。」

「因此，希望有成就的人錢包裡必須要有錢，這樣他才能愛護家人並效忠國王。」

第二，這個計畫會讓我妻子從她娘家回到我身邊，而我應該確保她衣食無虞。馬松說，照顧好忠貞的妻子，能維持男人的自尊心，並增添達成目標的力量和決心。

因此，我會把收入的十分之七用來養家，這筆錢既能讓家人衣食無憂，同時還有一些餘錢可以花用，使生活不乏樂趣和享受。但是他特別叮嚀，為了實現人生富足目標，我全部花費不得超過收入的十分之七，這是計畫成功的關鍵。我必須按照這個比例來生活，永遠不要動用或花費超過這個範圍的預算。

泥版二：償債規畫

第三，這個計畫規定我要撥出部分的收入來償還債務。因此，每當滿月時，我收入的十分之二就要誠實、公平地分配給那些信任我並借錢給我的人。這樣到了最後，我所有的債務肯定會還清。

因此，我把每一個債主的名字和明確的欠款都刻在這裡。

法魯，紡織匠，二枚銀幣、六枚銅幣；

辛賈，沙發工匠，一枚銀幣；

阿瑪，友人，三枚銀幣、一枚銅幣；

贊卡，友人，四枚銀幣、七枚銅幣；

艾斯卡米爾，友人，一枚銀幣、三枚銅幣；

哈仁瑟爾，珠寶商，六枚銀幣、二枚銅幣；

戴爾貝克，父親的友人，四枚銀幣、一枚銅幣；

埃爾卡哈德，房東，十四枚銀幣；

馬松，放款人，九枚銀幣；

拜爾吉，農夫，一枚銀幣、七枚銅幣。

（自此以下，字跡難以辨識解讀。）

泥版三：面對債務的關鍵心態

我總共欠這些債主一百一十九枚銀幣和一百四十一枚銅幣。因為我當年欠了這麼多錢，又無力償還，只能愚蠢地讓妻子回到娘家，自己也離鄉背井。我一心只想著要不費力氣就可以輕鬆賺錢，結果卻惹禍上身，讓自己淪為被人販賣的奴隸。

現在馬松教我用一小部分的收入來償還債務，我才體會到自己因奢侈度日而被迫逃離故鄉，是多麼愚蠢的事。

因此，我拜訪了我的債主，並向他們解釋，我現在除了自己的收入之外，沒有其他財源可以還債。我打算老實地均分收入的十分之二來還債，這也是我可以償還的極限了。如果他們耐心等待，我屆時會還清債務的。

我原以為阿瑪是我最好的朋友，但他卻狠狠地痛罵我一頓，我最後羞愧地離開他家。農夫拜爾吉求我先還錢給他，因為他急需用錢。房東埃爾卡哈德不同意我的提議，堅持要我趕快還清，否則他會要我好看。

其餘的人都願意接受我的提議。因此，我更加堅決地要履行承諾，因為我堅信，償還債務比躲避債務更容易。即使我無法滿足某些債主的需要和要求，我也會公平地還款給他們。

泥版四：堅守理財計畫，不再為錢所困

又到了月圓之夜，這段時間，我無牽無掛地努力工作。我的好妻

子支持我還錢給債主的想法。由於我們明智的決心，我上個月替尼布托買了一批健壯的駱駝，賺了十九枚銀幣。

我根據計畫來分配這筆錢的用途，我留下十分之一給自己，十分之七則用來支付我和好妻子的生活開銷。剩下十分之二的錢我換成銅幣，平均分配給我的債主。

我沒有看到阿瑪，所以我把要還的錢交給了他的妻子。拜爾吉收到錢，高興到想親我的手了。老埃爾卡哈德一直抱怨，要我快點還清款項。我回答說，如果我能吃得飽又沒有後顧之憂，就可以更快還完。其他債主都謝謝我，並稱許我的努力。

一個月後，我的債務減少了近四枚銀幣，另外還多存了兩枚銀幣。這是我長久以來，第一次感到心情輕鬆許多。

很快，又到了月圓之夜，我努力工作，但這個月的業績不佳。我能買到的駱駝不多，所以只賺了十一枚銀幣。雖然我們沒有買任何新衣服，只吃了些粗茶淡飯，但是我和妻子還是堅持這個計畫。再次，我給自己留下十一枚銀幣中的十分之一，然後把十分之七當作家用。當阿瑪稱讚我還錢時，我很驚訝，畢竟我還的金額很小，而拜爾吉也讚美了我。但埃爾卡哈德還是氣急敗壞，不過我告訴他，如果他不想拿的話，就別拿，這時他才肯妥協。其他債主和以前一樣，收到錢都很滿意。

到了下次滿月時，我非常高興。我手腳快速地收購一大群駱駝，其中更有許多健壯的駱駝，因此這個月我賺了四十二枚銀幣。這個月我和妻子買了急需的涼鞋和衣服，同時我們也吃了有肉的大餐來犒賞自己。

我們還給債主超過八枚銀幣，甚至連埃爾卡哈德也沒有再吭聲了。

這個計畫很棒，它不僅使我們脫離債務，還讓我們有了自己的積蓄。

自從我上次刻寫這塊泥版以來，已經過了三個月。每個月我都存下十分之一的收入。儘管有時候日子過得比較辛苦，但每次我們夫妻仍堅持用十分之七的薪水來生活，然後把十分之二的收入拿去償還給債主。

現在我的錢包裡有二十一枚屬於我的銀幣，這讓我可以抬頭挺胸、在朋友面前走路有風。

我的妻子把家裡打點得很好，也穿得起得體的衣服了。我們過得很幸福。

這個計畫的價值無法形容。畢竟，它讓一名曾經是奴隸的人變得有尊嚴，不是嗎？

泥版五：遵守紀律，邁向財務獨立人生

又是月圓之時了。我記得，從我刻寫泥版以來已經過了很久一段時間。實際上是過了十二個月。但是，我一定要把今天記錄下來，因為在這一天，我還清了最後一筆欠款。今天是我的好妻子和我感恩慶祝的日子，我們享用大餐犒賞自己的決心，並慶祝我們終於達成目標。

我最後一次訪問債主時，發生了許多事情，讓我永生難忘。阿瑪懇求我原諒他惡言相向，還說我是他最想結交的朋友。

老埃爾卡哈德畢竟也沒有那麼壞，他說：「你曾經軟弱的像塊泥塊，任人用手就能隨意欺壓操弄，但是現在，你變成了抵抗利刃的銅

塊。如果你還需要借錢，可以隨時來找我。」

不只埃爾卡哈德一個人對我尊重客氣而已，還有許多其他人對我說話恭敬。我的好妻子看我的目光，足以令一個男人充滿自信。

然而，是這個計畫讓我成功的。它不但使我能夠償還所有債務，還讓我的錢包裡有滿滿的錢幣在叮噹作響。我建議所有希望成功的人都採用這個計畫。如果曾經是奴隸的人都能藉此償還債務，還能存下錢，這個計畫難道無法幫助別人財務獨立嗎？我自己也不會停止執行這個計畫，因為我堅信，如果我繼續遵循下去，它會使我成為富人。

聖斯威辛學院
諾丁翰大學
特倫特河畔紐瓦克
諾丁翰

一九三六年十一月七日

致富蘭克林·考德威爾教授，
煩請美索不達米亞希拉城的英國科學探險隊轉交。

親愛的教授：

如果您在進一步挖掘巴比倫的廢墟時，巧遇駱駝商人老達巴西爾的幽魂，請幫我一個忙。告訴他，這些他在遠古時期刻在泥版上的內容，為他贏得了英國一對在大學工作夫婦的終身感激。

您可能會記得我一年多前在信中提到，我和太太打算嘗試他的計畫，讓我們擺脫債務，同時存下一些錢。雖然我們試圖不讓朋友知道我們拮据的苦境，但您可能已經猜到了實情。

多年來，我們因為舊債纏身而羞愧萬分、擔驚受怕，深怕會有店家舉發我們欠錢的醜聞，逼我要離開大學。我們還了又還，從收入中硬擠出錢來還債，但是收支仍無法打平。此外，我們不得不到可以賒帳的地方買東西，儘管價格更貴也沒辦法。

情況不但沒有好轉，還愈來愈糟，陷入了惡性循環。儘管我們努力，希望卻愈來愈渺茫，我們沒辦法搬到租金更便宜的房子，因為我們還欠房東錢。眼下似乎沒有其他方法可以改善我們的處境。

然後，出現了您的舊識——來自巴比倫的老駱駝商人，他的計畫成果正是我們想達成的目標。他的故事鼓舞了我們，我們非常希望能採納他的方法。我們列出了所有債務清單，然後拿去與債主們協調商量。

我和他們解釋，以目前的情況，我根本不可能把錢還清。他們看到清單上的金額也很了解我的情況。然後我解釋說，我覺得唯一還清債務的方法是，每月我提撥收入的二〇％，依債額比例攤還給債主，這樣大約兩年多就能還清全部的債務。同時，我們用現金來購物，這樣店家也能享有收到現金的好處。

這些債主真的對我相當寬厚，像是我們的蔬果商是個有智慧的老先生，他甚至想出另一種說法來幫我們說服其他人：「如果你們現在買東西全都用現金支付，並償還部分之前的欠款，這樣就比以前要好得多了，畢竟你們已經三年都還不出任何一毛錢。」

最後，我與所有債主達成協議，他們簽名同意，只要我們固定拿出收入的二〇%還款，他們就不會為了討債來騷擾我們的生活。然後，我們開始計畫如何用七〇%的收入來過生活。我們決定把剩下的一〇%存起來。想到可以存下銀幣，甚至是金幣，就很吸引人。

做出這些改變就像踏上一場冒險之旅。我們很高興自己採用這項計畫，畢竟只用七〇%的收入也可以過著舒適的生活。我們從房租開始，設法爭取合理地降價。接下來，我們戒掉最喜歡的茶葉品牌。雖然一開始半信半疑，但後來我們開心地發現，用低廉的價格也可以買到優質的茶葉。

我們的故事太長了，無法在信裡一一敘述。無論如何，這個方法並不困難。我們努力做到了，也對此感到高興。事實證明，我們可以整頓好財務，不再受到過去債務的壓迫，這真是如釋重負。

但是，我一定要告訴您關於我們存下來的一〇%收入。嗯，我們的確存下一些錢好一陣子了。先別笑我們！您知道嗎？存錢就像是在自我挑戰，當你開始存下不必花用的錢時，真的是件有趣的事。比起花錢，可以迅速積累財富更令人開心。

在我們存到令人滿意的金額後，我們發現更有利可圖的理財方式，就是每月固定用這一〇%的薪水來投資。事實證明，這是我們財務重整計畫中最令人滿意的一環。我們每個月的第一筆開銷就是用在這筆投資上。能知道我們的投資在穩健增長，帶給我們很滿足的安全感。等我的教職生涯結束，這應該會是一筆可觀的數目，足夠我們養老了。

儘管我的薪水沒有改變，但卻帶來了上述的財富成果。雖然難以置信，但千真萬確。我們慢慢償還所有債務，同時我們的投資也在增值。此外，我們的財務狀況也比以前更好。誰會相信，遵循理財計畫與漫無目標的花費之間，會有如此大的差異。

到明年年底，等我們的舊欠款都已付清時，除了有更多錢可以用在投資上，還可以用一些餘錢去旅行。我們決定，永遠不讓生活開銷超過收入的七〇%。

現在您可以理解，為什麼我們要感謝那位巴比倫老兄，因為他的計畫使我們擺脫了「人間地獄」。

達巴西爾能懂的，因為這些他都經歷過，他希望其他人從他切身的痛苦經歷中獲得教訓。這就是為什麼他願意花這麼多時間，把他的故事刻寫在泥版上。

他向同樣受苦的人傳達了一則不移的至理，這則訊息非常重要，以至於五千年後的今天，當泥版從巴比倫的廢墟中被挖出來時，其道理就像當年被埋葬的時候一樣真實，顛撲不破。

考古學系　阿爾弗雷德．舒斯伯里敬上

重點回顧

- 遵循一套確切的理財計畫，能幫助人擺脫債務，邁向財務獨立。
- 留下收入的十分之一給自己，十分之七用來支付生活開銷，剩下十分之二則拿來還債。
- 處理債務的心態很重要，切記：償還債務比躲避債務更容易。
- 存錢有如自我挑戰。然而，能夠迅速積累財富更令人開心。
- 在存到一筆滿意的金額後，能每月固定用一〇%的薪水來投資。

Chapter

10

巴比倫富商的工作致富學

有些人討厭工作，把工作當成敵人似的。但是，你最好把它當作朋友，讓自己喜歡工作，不要去在意工作有多辛苦艱困。如果你想到自己蓋好的房子會有多棒，誰還會在乎梁柱有多重，要走很遠才能到水井取水來拌水泥呢？

巴比倫理財智慧

努力工作是致富的唯一祕訣。

巴比倫的商業鉅子沙魯·納達，自豪地騎在商隊前頭。他喜歡錦衣紈褲，總是穿著華麗體面的長袍；他喜歡好馬，此刻正舒服地坐在氣宇軒昂的阿拉伯種馬上。看著他現在這樣，幾乎很難想到他以前的歲月。當然，人們不會懷疑他內心曾飽受困擾。

商隊從大馬士革出發，再回到巴比倫，這趟沙漠路程艱辛漫長，但他不在意；阿拉伯部落兇猛強悍，想搶劫富裕的商隊，他也不擔心，因為他有眾多騎兵護衛，提供安全的保護。

但是他身旁這位從大馬士革帶來的年輕人，才讓他心煩。這位年輕人是哈丹·古拉，是他過去商場搭檔阿路·古拉的孫子，他欠阿路人情，沒有機會回報，所以他想為阿路的孫子做點事。但是他考慮的愈多，就發現年輕人本身的問題會讓事情愈難辦成。

沙魯·納達看著這名年輕人的戒指和耳環，心想：「他以為珠寶是給男人戴的。虧他長得像他祖父一樣堅毅剛強，但是他的祖父可沒有穿如此花俏的長袍。不過，我找他來，是希望能拉他一把，擺脫他父親揮霍遺產的爛攤子。」

哈丹．古拉打斷了他的思緒：「為什麼你要這麼努力，總是與你的商隊長途跋涉呢？你都不花時間來享受人生嗎？」

沙魯．納達微笑說：「享受人生？如果你是我沙魯．納達，你要如何享受人生？」

「如果我像你一樣有錢，我要像王子一樣過生活，絕不會騎著馬艱苦跋涉，穿越炙熱的沙漠。然後，我會花得快也賺得快，還要穿上最華麗的長袍、配戴最稀有的珠寶。那才是我喜歡的生活，也才是值得過的生活。」兩個人都笑了。

「你的祖父沒有戴珠寶。」沙魯．納達直覺地脫口而出，然後開玩笑說道：「你不留些時間去工作嗎？」

「只有奴隸才工作。」哈丹．古拉回應道。

沙魯．納達咬住嘴唇，沒有回應，只是靜靜地騎著馬，直到了一個斜坡。在這裡，他勒馬停住，指向遠處的綠色山谷：「你看，那裡是山谷。再往遠處看過去，你可以隱約看到巴比倫的城牆，而那座塔就是貝爾神廟。如果你的眼睛夠利，你甚至可以看到神廟頂部聖火冒出的濃煙。」

「那是巴比倫嗎？我一直渴望看到全世界最富裕的城市。」哈丹．古拉說：「巴比倫是我祖父創業發跡的地方，如果他還活著，我們就不會被逼迫到生活這麼辛酸了。」

「他都已經過世了，為什麼還希望他陰魂不散呢？你和你父親大可承接他的事業。」

「唉，我們沒有做生意的天賦，我和父親都不知道他賺錢的祕訣。」

沙魯．納達沒有回應，只是拉了韁繩，若有所思地騎下山谷。在他們身後的商隊，揚起了滾滾的紅沙。一段時間後，他們踏上國王大道，轉向南方前進，行經一片灌溉的農田。

三名在犁田的老人引起了沙魯．納達的注意，他們看起來莫名地眼熟，太不可思議了！不會有人在四十年後，經過同一片農田，還發現是同一群人在耕田吧！雖然如此，他內心有個聲音告訴他，還是同樣這些人。其中一個人握不住犁的把手，其他兩個人則是費力地走在公牛旁，用木桶的木板抽打公牛，催趕牠們拉犁，但是沒有什麼效果。

四十年前，沙魯曾經羨慕過這些人！當時他還深深希望能和他們互換角色！但是現在情況大不相同了。他自豪地回頭看了看他身後跟隨的商隊、精心挑選過的駱駝和驢子，上面載滿從大馬士革運回來的貴重物品，而這一切只是他的部分財產而已。

他指著犁田的農夫說：「他們仍然跟四十年前一樣，在犁同一塊農地。」

「看起來是這樣，但是你怎麼知道是同一批人呢？」

「我曾在這裡看過他們。」沙魯．納達回答。

一幕幕的回憶在他的腦海快速地轉個不停。為什麼他不能埋葬過去，活在當下就好呢？然後，他看到了阿路．古拉的笑臉如畫般清晰地浮現在眼前，他和身旁這名冷嘲熱諷年輕人之間的隔閡頓時消失了。

但是他如何幫助這名揮金如土、穿金戴銀，又自以為是的年輕人呢？他可以替有心工作的人提供很多機會，但是對於眼高手低的人而言，給他們工作也沒有用。然而，他欠阿路．古拉的人情，所以要幫他做點什麼，但是只是蜻蜓點水式地一語帶過是不行的。畢竟，他和阿路．古拉的行事作風不是如此，他們不是那種敷衍了事的人。

此時，沙魯．納達突然靈光乍現，他想到一個計畫，但是隨即又有反對的念頭。他必須考慮自己的家庭和如今的身分地位。這麼做或許很殘酷，還會傷人，但身為一個果斷的人，他拋開反對的念頭，並決定採取行動。

商界鉅子的祕密過往

「你會想聽你有錢的祖父和我合夥賺錢的故事嗎？」他問道。

「為什麼不直接告訴我，你們是如何賺到錢的呢？這才是我需要知道的事。」小夥子迴避了問題。

沙魯・納達不予理會，繼續說：「我們就從那些犁田的人開始說起吧！那時我跟你年紀差不多。我們幾個人被鎖鏈鎖在一起並肩行走，其中有一位老農夫叫梅吉多，他嘲笑他們草率的耕田方式。那時梅吉多被拴在我旁邊，他發表意見說：『看看那些懶惰的傢伙，犁田的人沒有出力在深耕，趕牛的人也沒有讓牛走在犁溝上。連田地都耕不好，怎麼能期望會有好收成呢？』」

「你是說梅吉多被拴在你旁邊？」哈丹・古拉驚訝地問。

「是的，我們脖子上拴有青銅的頸圈，彼此之間還扣上一條沉重的鐵鏈。梅吉多的旁邊是偷羊賊薩巴多，我在哈蘭就認識他了。拴在最後面的那個人並沒有告訴我們他的名字，不過我們都叫他海盜，因為他胸前有毒蛇纏繞的刺青。而當時的水手流行這種刺青圖案，所以我們認定他是個水手。我們一排四個人被拴在一起，並肩行走。」

「你像奴隸一樣帶著鎖鏈嗎？」哈丹．古拉難以置信地問。

「你的祖父沒告訴過你，我曾經是個奴隸嗎？」

「他經常談到你，但聽不出來有這回事。」

「他是一個值得信賴、可以交託內心最深處祕密的人。你也是我可以信賴的人，對嗎？」沙魯．納達直視著哈丹的眼睛。

「你可以相信我會守口如瓶的，但這實在太令我驚訝了。告訴我，你怎麼會成為奴隸？」

沙魯．納達聳聳肩說：「任何人都可能變成奴隸。當初是賭場和啤酒把我給害慘了。我是我哥哥莽撞行事下的受害者。他和朋友吵架時，失手殺了對方。我爸爸不顧一切地要救我哥哥免受法律的制裁，所以把我抵押給死者的遺孀，但是當我父親籌不出錢，無法把我贖回去時，她一氣之下就把我賣給了奴隸販子。」

「太丟臉了，真不公義！」哈丹．古拉替我抗議。「但是告訴我，你是如何重獲自由？」

「我們之後會講到那一段，但是現在還不到時候，先讓我繼續講下去。」

當我們走過農田時，犁田的農夫嘲笑我們。其中一個農夫摘下破爛的帽子，深深地鞠躬，大聲說：「國王的貴賓們，歡迎來到巴比倫。他在城牆那裡備好宴席，還有泥磚和洋蔥湯在等著你們。」他們說完就大笑了起來。

海盜憤怒到了極點，狠狠地咒罵他們。「這些人說國王在城牆那等我們是什麼意思？」我問他。

「就是要你們到城牆那邊搬磚塊，搬到背都斷為止。也許在你的背斷了之前，他們就把你打死了。他們不會打我的，因為我會殺了他們。」

然後，梅吉多開口了：「我覺得，主人不會打死願意努力工作的奴隸，這樣沒道理。主人喜歡好用的奴隸，也會善待他們。」

「誰想努力工作啊？」薩巴多說道，「那些犁田的農夫可聰明了，他們不會弄斷自己的背，只是裝個樣子而已。」

「逃避偷懶是不會進步的。」梅吉多反駁，「如果你犁了一公頃的田，主人會知道你今天工作認真。但是，你若只犁了半公頃，就是在打混。我不打混的，我喜歡工作，也喜歡把工作做好，因為工作是我最好的朋友。工作為我帶來了我曾擁有的所有美好事物，像是我的農田、牛群和農作物，還有其他一切。」

「是喔，那現在這些東西在哪裡呢？」薩巴多嘲笑他，「我覺得要點小聰明，不用工作就可以過活比較好。你看我薩巴多，如果我們被賣到城牆那邊工作，我會去挑水，或是做輕鬆的工作，而你這樣喜歡工作的人，會去挑磚，挑到背斷了為止。」然後他就嗤笑了起來。

那天晚上我的心裡七上八下的，睡不著。當其他人睡著時，我靠到守衛繩那邊，試圖吸引第一班守衛葛多索的注意。他曾是阿拉伯的強盜，如果他搶了你的錢包，也會連你的喉嚨一併割了。

「告訴我，葛多索，」我小聲說，「當我們到達巴比倫時，我們會被賣到城牆那邊嗎？」

「為什麼你想知道？」他謹慎地問。

「你不懂嗎？」我懇求他，「我還年輕，我想活下去。我不想在城牆那邊做苦工或被人打死。我有沒有機會被賣給好的主人？」

他小聲回我說：「我告訴你吧，你是個好傢伙，別給我葛多索添麻煩。通常，我們會先去奴隸市場。現在聽好了，當買家過來時，要告訴他們，你是個好工人，喜歡替好主人努力工作，讓他們想把你買走。如果他們沒有買你，第二天你就得去挑磚頭了，那可是嚴苛辛苦的工作。」

翻轉命運的工作超思考

葛多索走開後，我躺在溫暖的沙地上，抬頭看著星星，思考著關於工作的事。梅吉多說，工作是他最好的朋友，這讓我思考，工作是否也會成為我最好的朋友。當然，它可以幫助我脫離困境。

當梅吉多醒來時，我小聲地把我聽到的好消息告訴他。這是我們走向巴比倫時的一線希望。快到傍晚時，我們接近巴比倫的城牆，看到一排排的人像黑螞蟻般，不斷地在陡峭的斜坡爬上爬下。當我們走得更靠近時，驚訝地看到有數千名工人在做工。有些人在挖護城河，有些人則在混泥土，製作泥磚。人數最多的一群工人則是把磚塊裝在大籃子裡，沿著陡峭的小路把磚塊挑去給水泥匠。❶

工頭咒罵那些動作太慢的人，還用趕牲畜的鞭子鞭打那些跟不上

❶古代巴比倫著名的工程，包括城牆、神廟、空中花園和大型河渠等，都是由奴隸建造的。他們大多是戰俘，這也說明了他們受到了不人道的待遇。這些工人還包括巴比倫和附近地區的百姓，他們因為犯罪或有財務困難才被賣為奴隸。根據當時的風俗習慣，常會有人把自己、妻子或子女當作抵押品，以作為償還貸款、法律判決賠償或其他義務的擔保。一旦違約，那些被抵押的人就會被賣去當奴隸。

隊伍的工人。這些可憐、精疲力竭的傢伙搖搖晃晃地走著，沉重的籃子壓得他們無法挺直身子。如果用鞭子抽打，他們也站不起來時，他們就會被推到路旁，任由其痛苦萬分。不久之後，他們就會被拖到路旁其他的奴隸屍體堆中，等著被送入萬人塚。當我看到這樣可怕的景象時，我不禁顫抖了。如果我沒有在奴隸市場被人買走的話，我這個做人兒子的就是這種下場。

葛多索說得沒錯，我們經過城門之後，就被帶到奴隸大牢裡，第二天一早再被帶到奴隸市場的圍欄內。在這裡，所有的奴隸都因恐懼而蜷縮著身子，只有在守衛的鞭打下，才能催促他們往前走，讓買家好好檢視一番。我和梅吉多都急切地與每一位允許我們攀談的買家交談。

奴隸販子找來國王的侍衛，他們把海盜銬上腳鍊、準備帶走他，但他卻開始反抗，所以被毒打了一頓。當他們帶走他時，我為他感到難過。

梅吉多覺得我們就快要分開了。當沒有買家在場時，他認真地告訴我，工作對我的未來有多麼重要。他說：「有些人討厭工作，把工作當成敵人似的。但是，你最好把它當作朋友，讓自己喜歡工作，不要去在意工作有多辛苦艱困。如果你想到自己蓋好的房子會有多棒，誰還會在乎梁柱有多重，要走很遠才能到水井取水來拌水泥呢？答應我，小夥子，如果有人把你買走，你要盡力為主人工作。如果他不感激你的努力，千萬別在意。記住，把工作做好對你有好處，會讓你變得更好。」這時一個身材魁梧的農夫來到圍牆這邊，仔細地打量著我們，所以梅吉多就沒再多說了。

梅吉多問了他有關田地和農作物的事情，不久就說服對方相信，自己會是個有價值的人。這名農夫在與奴隸販子激烈地討價還價後，從長袍下面取出一個鼓鼓的錢包，很快地，梅吉多就跟他的新主人離開，一下就不見人影了。

那天早上，還有幾個人被買走。到了中午，葛多索向我透露，奴隸販子已經不耐煩了，不願意再多住一晚，所以傍晚會把剩下的人全都賣給國王派來的買家。就在我感到絕望之際，有個肥胖、和藹的人走到城牆這邊，詢問我們當中有沒有人是麵包師傅。

我走向他說：「為什麼像您這麼優秀的麵包師傅，要找水準比您差的烘焙幫手呢？教一個像我這樣有心學習的人，來學習您的手藝，不是更容易嗎？您看看我，我年輕又強壯，而且認真工作。給我機會，我會盡力幫您賺錢。」

他對我的工作意願印象深刻，就開始與奴隸販子殺價交易，其實奴隸販子自從買了我以後，就再也沒有正眼瞧過我，但是現在他卻誇耀我的能力卓越、體格強健和個性良好，我感覺自己就像是一頭要賣給屠夫的肥牛。最後，令人高興的是，交易談定了！我跟著我的新主人離開，覺得自己是巴比倫最幸運的人。

財務幸福的工作心法

我的新家很適合我，我的主人納納奈德教我用院子裡的石磨研磨大麥、在烤爐裡生火，然後把芝麻粉磨得細碎，來做蜂蜜蛋糕。我在主人儲糧的穀倉裡有張床鋪，年老的奴隸管家絲瓦絲蒂讓我吃得很好，而且她很高興我能幫她完成粗重的工作。

這是我渴望許久的機會，能向主人證明我是個有價值的人，而且我希望能有方法重獲自由。

我請納納奈德教我如何揉麵團和烤麵包。他教我了，也很高興我有心學習。後來等我這部分都做得很好的時候，我請他教我如何製作蜂蜜蛋糕，不久之後所有的烘焙工作都由我來做。我的主人很高興能閒著不用做事，但是絲瓦絲蒂卻不以為然地搖搖頭說：「沒事可做，對誰都不好。」

我覺得，該想想有什麼方法可以開始賺錢，來贖回我的自由之身了。由於我中午前就能完成烤麵包的工作，所以我想，如果我下午去做其他賺錢的工作，然後納納奈德可以與我平分收入，他應該會同意才是。接著我想到，為何不多烤一些蜂蜜蛋糕，然後沿街叫賣給街上飢餓的行人呢？

我把計畫告訴了納納奈德：「如果我烤完麵包後，利用下午的時間來替您賺錢，這樣您不但可以分到我賺的錢，我也可以有錢買點想要和需要的東西，這樣應該公平吧？」

「公平，很公平。」他承認。當我告訴他，我的計畫是打算兜售我們的蜂蜜蛋糕時，他非常高興。他建議說：「乾脆這樣吧，你兩塊蛋糕賣一分錢，一半的收入給我當麵粉、蜂蜜和烘烤柴火的成本。剩下的錢，我們再對分。」

我很高興他如此慷慨大方，願意讓我留下四分之一的收入。那天晚上，我工作到很晚，我做了一個托盤以擺放販售的蛋糕。納納奈德給了我一件他的破舊長袍，這樣讓我能看起來體面一點，絲瓦絲蒂也幫我修補長袍，並清洗乾淨。

第二天，我多烤了一些蜂蜜蛋糕。我把這些令人垂涎的咖啡色蛋糕放在托盤上，然後沿街大聲兜售我的商品。一開始似乎沒有人感興趣，我有些沮喪，但我繼續叫賣。快到傍晚時，就有人肚子餓了來買蛋糕，很快地蛋糕就賣光了。

納納奈德對我的成果非常滿意，也樂於把我應得的那份錢分給我。我很高興有了屬於自己的錢。梅吉多說得沒錯，主人的確會讚賞奴隸把工作做得有聲有色。那天晚上，我對自己成功的表現感到非常興奮，幾乎無法入睡，並試圖算出我一年可以賺多少錢，以及要花多少年才能贖回我的自由身。

招來貴人的進取精神

我每天帶著托盤出去賣蛋糕，因此很快就找到了常客，其中一位就是你的祖父阿路．古拉。他是一名地毯商人，其地毯主要是賣給家庭主婦。他從城裡的一頭兜售到另一頭，身旁伴隨著一頭背上地毯堆得高高的驢子，還有一名負責照顧驢子的黑奴。他會替自己買兩塊蛋糕，也替黑奴買兩塊蛋糕，每次都會一邊吃東西，一邊和我聊天。

有一天，你的祖父對我說了一句話，讓我永生難忘：「小夥子，我喜歡你的蛋糕，但是我更喜歡你的進取心，這種精神可以讓你邁向成功之路。」

「但是，哈丹．古拉，你能懂這番鼓勵的話對當時的我有多重要嗎？我只是一個在大城市裡努力奮鬥的寂寞小奴隸，用盡方法想要擺脫恥辱。」

幾個月過去了，我繼續努力存錢，腰帶上的荷包重量令我感到安心。正如梅吉多所說的，工作已經變成我最好的朋友了。我很高興，但是絲瓦絲蒂卻很擔心。

她指出：「我怕你的主人在賭場花太多時間了。」

有一天，我很高興能在街上遇見我的朋友梅吉多。他牽著三批載滿蔬菜的驢子去市場，他說：「我現在過得很好！我的主人很讚賞我的工作表現，所以我現在當工頭了。你瞧，他甚至把銷售蔬菜的工作交託給我，也協助我把家人接過來。工作幫助我慢慢走出過去麻煩的困境。總有一天，工作會幫我贖回自由之身，讓我再次擁有自己的農場。」

時間一天一天地過去了，納納奈德愈來愈心急地等我賣完東西回去。當我回家時，他老早就迫不及待地等著算我賣得的錢，然後要分配我們的錢。他還催促我要擴展市場，增加蛋糕的銷售量。

我經常走到城門外，向監督建造城牆奴隸的工頭兜售我的蛋糕。

我很厭惡見到這令人不舒服的做工場景，但是我發現這些工頭是慷慨的買家。有一天，我驚訝地看到薩巴多在排隊等著把磚塊裝進他的籃子。他變得消瘦又駝背，背部因為被工頭鞭打，布滿了傷痕和傷口。我為他感到難過，遞給了他一個蛋糕，他像飢餓的動物一樣，一口塞進嘴裡。看到他貪婪的眼神，我趕快跑走，免得他搶走我的托盤。

「為什麼你這麼努力工作？」有一天，阿路．古拉問我。就跟你今天問我的問題幾乎相同，還記得嗎？我告訴他，梅吉多說了些關於工作的事，而且事實證明，工作是我最好的朋友。我自豪地向他展示了我的錢包，並解釋我的存錢贖回自由之身計畫。

「當你自由後，你會做什麼？」他問道。

「之後，我想成為商人。」我回答。

悲劇VS重生：堅定信念，為目標奮戰

那時，他透露出一件我始料未及的事，「你不知道吧，我也是個奴隸。我在和我的主人合夥做生意。」

「住口！」哈丹．古拉要求，「我不要聽這些誹謗我祖父的謊言，他不是奴隸。」他的眼神充滿怒火。

沙魯．納達保持鎮定。「我尊敬他可以擺脫不幸的命運，並成為大馬士革非常重要的公民。你是他的孫子，品性也會跟他如出一轍嗎？你是否勇於面對事實，還是寧可活在虛幻的假象中？」

哈丹．古拉在馬鞍上挺直了身子，帶著深厚的情感壓抑著聲音回答：「我的祖父受到大家敬愛，他一生行善無數。在飢荒來臨時，他

不是花錢從埃及購買穀物，還用自己的商隊運送回來賑災，才沒有人餓死嗎？現在你竟說他在巴比倫只是被人鄙視的奴隸。」

「如果他當初留在巴比倫當奴隸，那麼他很可能會被人鄙視。但是當他靠自己的努力，成為大馬士革偉大的人物時，眾神確實赦免了他的不幸，並讓他受到尊榮。」沙魯．納達回答，然後繼續說道：

他告訴我他也是個奴隸之後，隨即解釋了他因為也想贖回自由之身，而焦慮不已。當時他已經有足夠的錢來贖身，但是很煩惱不知道該怎麼做，因為他的業績沒有很好，而且他害怕離開了主人，就失去依靠。

我不贊同他這樣優柔寡斷：「不要再依附你的主人了，要重新擁抱身為自由人的感覺。要有自由人的擔當，像他們一樣成功！下定決

心設定好你想要達成的目標，然後努力工作，實現目標！」他很高興我點醒他太過膽怯，然後就離開了。❷

有一天，我再次走出城門，驚訝地發現那裡聚集著一大群人。當我問一個路人是怎麼一回事時，他回答：「你還沒聽說嗎？有一個逃跑的奴隸殺了國王的一名侍衛，已經被繩之以法，今天就要處以鞭刑賜死，甚至國王本人也要親臨現場。」

鞭刑柱旁圍滿了群眾，我不敢靠近，以免我的蜂蜜蛋糕托盤被打翻。所以，我爬上尚未完工的城牆，俯瞰著密密麻麻的人群頭頂。我很幸運能看到尼布甲尼撒國王本人乘坐著他的金色馬車經過。我從未見過如此盛大的景象、如此華麗的長袍，以及金縷與絲絨的掛毯。

雖然我聽到了那名可憐奴隸的尖叫聲，但是我沒有看到鞭刑的經過。我想不透，我們高貴英俊的國王，怎麼能忍受觀看如此殘忍的場景，然而當我看到他與其他貴族有說有笑時，我才知道他是個殘酷的人，並且理解了為什麼他要讓奴隸從事建造城牆這種不人道的工作。

這名奴隸死後，他的腳被繩索綁在柱子上，屍體被高掛示眾。等人群疏散後，我才靠近去看。我在那毛茸茸的胸膛上，看到了刺青，是兩條纏繞在一起的蛇。那是海盜！

下次我遇到阿路．古拉時，他完全變了一個人似的。他滿腔熱情地向我打招呼：「你看，你以前認識的奴隸現在是自由人了。你的話

❷雖然我們或許會覺得古代巴比倫的奴隸制度很矛盾，但它實際上是受到法律的嚴格規範。例如，奴隸可以擁有任何形式的財產；即使是奴隸也可以有自己的奴隸，而且他的主人不能去使喚；奴隸可以與非奴隸自由通婚。若母親是自由之身，則小孩也是自由之身。事實上，大多數城市的商人是奴隸，但他們名下都有自己的財產，其中許多人更與主人合夥做生意。

帶有神奇的力量，我的業績和利潤都在增加。我太太高興極了，她是自由之身，也是我主人的姪女。她非常希望我們搬到陌生的城市，這樣就沒有人會知道我曾經是奴隸，我們的孩子也不會因為我過去的不幸而受人指指點點。工作已成為我最好的幫手，讓我重拾做生意的信心和能力。」

我很高興能用這麼不足掛齒的方式，回報他當年給我的鼓勵。

逆境試煉，掌握幸福與成就的關鍵

有一天晚上，絲瓦絲蒂非常憂愁地來找我：「主人有麻煩了。我替他擔心。幾個月前，他在賭桌上輸了很多錢，付不出向農夫買穀物和蜂蜜的錢，也付不出錢給債主。債主們很生氣，並威脅他。」

「為什麼我們要擔心他的愚蠢行為？我們又不是他的監護人。」

我不假思索就回答。

「笨小子，你什麼都不懂。他已經把你抵押給債主來借款。根據法律，他有權利可以把你賣掉。我不知道該怎麼辦，他是個好主人。為什麼？為什麼他會惹上這種麻煩？」

絲瓦絲蒂的恐懼並非空穴來風。第二天早上我烘焙的時候，債主帶了一個叫薩西的人來。這個男人打量著我，然後就說願意交易。

債主也不等我的主人回來，只叫絲瓦絲蒂轉告主人說，他們把我帶走了。當時我烘焙的工作還沒做完，身上只有一件長袍跟緊掛在腰上的錢包，就被匆匆帶走。

我最深切的重獲自由希望就這樣被奪走，好比森林中的樹木被颶風刮到洶湧的大海。再一次，賭場和啤酒又帶給我災難。

薩西是一個直率粗魯的人。在他帶我走過巴比倫城時，我告訴他，我為納納奈德效力時有哪些優異表現，並說我希望為他好好工作。但是，他的回覆並沒有鼓勵的意味：

「我不喜歡這份工作，我的主人也不喜歡。國王派主人負責修建大運河，於是主人要我去買更多的奴隸，努力工作，迅速完工。唉！哪有人能夠迅速完成這麼大的工程？」

想像沙漠中一棵樹也沒有，只有矮灌木，還有炙熱的太陽把水桶中的水曬得滾燙，根本無法飲用；然後想像一排排的奴隸，進入渠道挖掘，挑出沉重的泥土，再走上土石鬆軟又塵土飛揚的小徑，就這樣從白天一直做到天黑；最後再想像食物都倒在敞開的飼料槽中，眾人像豬一樣自行取用。我們沒有帳篷，也沒有稻草當床來睡，那就是我當時的情況。我把錢包埋在一個做了記號的地方，但我不知道自己還能不能再把它挖出來。

起初我還有心好好工作，但是幾個月過去，我覺得我要精神崩潰了。然後我因為身體過度疲憊開始發燒，食欲不振，羊肉和蔬菜幾乎都嚥不下去。到了晚上，我會因心情沮喪而輾轉難眠。

在這段痛苦的日子裡，我在想，也許薩巴多的方法才是最好的，逃避工作，就不用做苦工做到背都斷了。但我接著想起最後一次見到他的情形，就知道他的方法是不對的。

我想到了悲慘的海盜，也許像他一樣去反抗和殺人會比較好。但海盜血淋淋的屍體提醒了我，他的方法也沒用。

然後，我想起了上次見到梅吉多的時候，他的雙手因辛勤工作而長滿厚繭，但他的心情卻很輕鬆，臉上洋溢著幸福的神情。顯然，他的方式才是最好的。

然而我也和梅吉多一樣，願意努力工作，我不可能比他怠惰，但是為什麼我的工作沒有帶給我幸福和成就？是工作替梅吉多帶來了幸福，還是幸福和成就不過是聽天由命？我是否終其一生都要辛苦工作，卻無法實現願望，得不到幸福和成就？這些問題讓我的心思混亂，但我沒有答案。的確，我感到非常困惑。

幾天後，儘管我的問題依舊沒有得到解答，但我覺得自己就快撐不下去了，這時，薩西把我叫了過去。我的主人派來了一名使者，要把我帶回巴比倫。我挖出了我寶貴的錢包，穿著我那件破爛不堪的長袍，就跟著上路了。

在路途上，我發燒的頭腦不斷胡思亂想著相同的念頭，有如颶風在我腦袋裡亂竄。此時我的經歷就像我家鄉哈蘭一首歌詞怪異的曲子所描述的：

厄運像狂風般擾人，
像暴風雨般地逼迫，
其方向沒人能跟循，
其命運沒人能預知。

難道我是因為自己都不知道的原因，而注定要受到這樣的懲罰？前方還有什麼痛苦和失望在等著我嗎？

當我們騎到主人家的院子時，我看到阿路·古拉在那邊等我，想想看我有多驚訝！他扶我下坐騎，像失散多年的兄弟那樣擁抱我。

當我們走路時，我會像奴隸跟隨主人那樣走在他的後面，但是他不允許我這麼做。他用手臂搭著我說：「我到處找你。在我幾乎放棄希望時，我遇到了絲瓦絲蒂，她告訴我債主的事，然後債主再告訴我你的新主人是誰。我向他辛苦地討價還價了一番，最後付出很高的價格才贖回你。但是你值得我這樣做。你的人生觀和進取心啟發了我，所以我才能有現在的成就。」

我打斷了他，並說：「那是梅吉多的人生觀，不是我的。」

「那是梅吉多和你的人生觀。我要感謝你們兩位。我要去大馬士革，需要你當我的生意夥伴。」他大聲說：「你看，你馬上就要成為自由人了！」說這話的同時，他從長袍下面拿出一塊泥版，上面記載著我的奴隸身分。他把泥版高高抬起，然後用力摔在鵝卵石地上，把泥版摔裂成幾百個碎片。他高興地踩在碎片上，直到碎片都被踩成塵土為止。

此時我的眼睛充滿了感激的淚水，我知道我是巴比倫最幸運的人。

成功致富的祕訣

「你看，認真工作就可以有這種結果。在我最痛苦的時候，事實證明，工作是我最好的朋友。我願意努力工作的態度使我擺脫厄運，沒有被賣去做修築城牆的苦工。這也讓你的祖父對我留下了深刻的印象，他選擇了我當他的生意夥伴。」

然後哈丹．古拉問道：「我祖父致富的祕訣在於努力工作嗎？」

「從我認識他的第一天起，努力工作就是他唯一的致富方法。」沙魯．納達回答，「你的祖父樂在工作，眾神讚賞他的努力，並賜予他豐厚的回報。」

「我開始懂了，」哈丹．古拉若有所思地說，「工作吸引了許多欣賞他勤勞的朋友，也帶給他成功；工作讓他在大馬士革受到人們的敬重；工作帶給他所有我認同的東西，而我竟然以為只有奴隸才要工作。」

沙魯・納達說：「人生充滿許多可以享受的樂趣。每件事都有其意義，我很高興工作不是專為奴隸而設的。如果是那樣的話，我最大的快樂就會被剝奪了。我享受很多事物，但是沒有什麼東西可以取代工作的意義。」

沙魯・納達和哈丹・古拉騎在高聳牆壁的陰影下，前往巴比倫巨大的青銅城門。在他們接近城門時，守衛們馬上跳起來立正站好，對這名受到尊敬的市民致敬。沙魯・納達昂首挺胸地帶領著浩浩蕩蕩的商隊穿過城門，進入城中的街道。

「我一直希望成為像我祖父那樣的人。」哈丹・古拉向他透露，

「我從來不知道他是什麼樣的人，但是你已經告訴我他的故事。在明白這一切後，我更加敬佩他了，也更堅決地要成為和他一樣的人。你告訴我他成功的真正關鍵，我怕我永遠無法回報你這份恩情。從今天開始，我要運用他的成功關鍵，並要像他白手起家時一樣地謙卑，這種態度比珠寶和華服更符合我的真實社會地位。」

哈丹．古拉邊說，邊把耳朵的珠寶和手指上的戒指摘下來。然後，他勒住馬，掉頭往後走，帶著深深的敬意騎在商隊領袖沙魯．納達的後面。

重點回顧

- 逃避偷懶不會進步，請把工作當朋友，讓自己喜歡工作，不要去在意工作有多辛苦艱困。把工作做好對你有好處，會讓自己變得更好。
- 進取心可以讓你邁向成功之路。
- 下定決心設定好自己想要達成的目標，然後努力工作，實現目標！
- 努力工作就是唯一的致富方法。
- 人生充滿許多樂趣，但卻難有事物可以取代工作的意義。

後記
見證富饒之城的財富智慧

在歷史記載中，沒有其他城市比巴比倫更光彩炫目了。光是提到它的名字，就會讓人聯想到財富和輝煌，而城裡更擁有豐富的黃金和珠寶。人們自然而然地會想像如此富裕的城市，必定處在理想的地理環境，有得天獨厚的熱帶氣候，周圍環繞著豐富的森林和礦產等自然資源。

然而，事實並非如此。巴比倫位處在一片平坦而乾旱的山谷中，並與幼發拉底河相毗鄰。其四周沒有樹林、也無礦產，甚至連建築用的石頭也沒有，更不在正常的貿易路線上。此外，巴比倫的降雨量也不足，無法種植農作物。

巴比倫是事在人為的絕佳典範，因為當時人們運用各種手段，來實現偉大的目標。所有這座大城市賴以維生的資源都是由人為開發，所有財富都是他們靠自己創造出來的。

巴比倫只有兩種自然資源，即肥沃的土壤和幼發拉底河中的水源。巴比倫的工程師建造水壩和大型的灌溉渠道，把河流中的水改道，這在當時，甚至至今都堪稱人類最偉大的工程成就之一。這些灌溉渠道把河水引入遙遠乾旱的山谷，澆灌肥沃的土壤，帶來生機，這是歷史上最早期的工程壯舉之一。這個史無前例的灌溉系統讓巴比倫享有豐盛的農作物。

幸運的是，巴比倫在漫長的歲月裡都由世襲的國王統治，雖然時有外敵征戰和掠奪，但也只是偶發的事件。儘管巴比倫歷經許多戰爭，但大多數的戰事是內戰，或是抵抗其他覬覦巴比倫豐富財寶的野心征服者。巴比倫傑出的統治者因其智慧、進取心和正義感而名留青史；巴比倫的君主不會趾高氣揚地試圖征服天下，也不會妄自尊大地要求其他國家臣服於自己。

然而，巴比倫這個城市如今已不復存在。當幾千年來精力充沛地建設和修繕這座城市的人們離開後，它很快就成了一片荒蕪的廢墟。該城的遺址位於亞洲，約在蘇伊士運河以東約九百六十五公里處，即波斯灣北方。緯度大約是北緯三十度，與美國亞利桑那州猶馬市的緯度大致相同，所以氣候也與猶馬市相似，都是炎熱乾燥。

如今，幼發拉底河谷區這片曾經人口稠密的農業灌溉區域，再度成為狂風席捲的乾旱荒地，只剩貧瘠的草地和沙漠灌木在風沙中努力求生存。肥沃的田地、龐大的城市和絡繹不絕的商隊運送著豐富的商品，這些景象已經不復見。此地僅存的居民是阿拉伯的游牧民族，他們藉由放牧小群牲畜來勉強過活，從大約西元一世紀初期，情況就是如此。

點綴著這片河谷的是零星的小土丘。幾個世紀以來，旅人不把這些小丘當成重要的地方。最後是因為偶爾的暴風雨沖刷出破碎的陶器和磚塊，才使考古學家注意到此地。歐美博物館資助探險隊，派遣人員來這裡進行挖掘，看看會發現什麼文物。結果，挖出來的十字鎬和鏟子很快證明了這些土丘是古老城市的遺址，也可以說，這些土丘是古城的墳墓。

巴比倫就是其中一座古城。兩千多年來，它被狂風橫掃而來的沙土給掩蓋。當年用磚頭建造的城垣已然瓦解，重新風化成地上的塵土，這就是富裕的巴比倫城現今的樣貌。它成為一堆泥土，長久以來無人聞問，直到有人小心地清除幾個世紀以來累積的塵沙後，古城的街道、高貴的廟宇和宮殿的殘壁才得以撥雲見日。

許多科學家認為，巴比倫和該河谷區其他城市的文明，是確切記錄中最古老的文明，也有證據證實時間可追溯至八千年前。而且，用來判斷年代的方法很有趣，他們在巴比倫的廢墟中發現了關於日蝕的描述。現代天文學家很容易就能計算出日蝕何時出現，以及何時能從巴比倫觀察到此日蝕現象，從而建立出巴比倫曆法和現代曆法之間的關聯。

用這種方式，我們證明了八千年前居住在巴比倫的蘇美人，他們居住在有圍牆的城市中。但我們只能猜測，在此之前的幾個世紀，這些城市就已經存在了。不過，這些居民不是住在護城牆內的野蠻人，而是是受過教育開化的人士。根據書面的史料記載，他們是人類第一批工程師、天文學家、數學家、金融家和擁有書寫文字的民族。

之前已經提到過他們的灌溉系統，把乾旱的河谷變成了農業天堂。儘管這些灌溉渠道的遺跡大多堆滿了沉積的泥沙，但是仍然有跡可循。其中有些渠道大到，在沒有水的情況下，渠道底部可以讓十二匹馬並排通行，其規模相當於科羅拉多州和猶他州最大的運河。

除了灌溉河谷土地，巴比倫的工程師還完成了另一個規模相似的龐大工程。透過精密的排水系統，他們在幼發拉底河和底格里斯河的河口處，把沼澤地開墾成農耕地。

希臘旅行家和歷史學家希羅多德曾在巴比倫鼎盛時期造訪此地，並為我們提供了唯一由外人對此處的描述。他的作品栩栩如生地描繪出這座城市，以及當地人民奇特的風土民情。他提到土壤特別的肥沃，以及他們種植的小麥和大麥都能豐收。

巴比倫的榮耀已經消失殆盡，但它的智慧卻被保留了下來。這要感謝他們的記錄形式。在那遠古的時代，還沒有發明出紙張。不過，他們費力地把文字刻在潮濕的泥版上。在刻寫完成後，他們會把泥版拿去爐子焙燒，讓泥版保持固體的堅硬形態。泥版的尺寸大約長二十公分、寬十五公分、厚二・五公分。

這些常被稱為泥版的東西，就如同我們現代的書寫工具。泥版上面刻有傳說、詩歌、歷史、國王政令謄本、土地法規、財產權狀、契約書，甚至是信使遞送到遠方城市的信件。從這些泥版中，我們可以一窺當時人民私密的個人事務。例如，有一塊泥版很顯然是店家的交易記錄，上面記載在特定的日期，某位具名的客戶帶來了一頭牛，並用牠交換了七袋小麥。當時客戶已拿走三袋，另外四袋等他高興時再來拿。

考古學家已經找到了保存泥版的整座圖書館，這些泥版完好無缺地埋在古城的廢墟中，數量多達上萬塊。

巴比倫的一大奇觀就是環繞城市的巨大城牆，古人將其與埃及的金字塔並列為「世界七大奇觀」。一般認為，在這座城市的早期歷史中，賽米拉米斯皇后是第一位下令建牆的人。現代挖掘者已經無法找到原始城牆的痕跡，也不知道城牆的確切高度。根據古人的記載，護城牆高約十五至十八公尺，城牆外側是用鍛燒過的磚頭砌成，周圍還有很深的護城河提供保護。

晚期的護城牆更為著名，其在西元前約六百年，由那波帕拉薩爾國王所建造。由於這項重建工程規模過於浩大，國王在世時沒能親眼見證它完工，只好留待他的兒子尼布甲尼撒來完成。尼布甲尼撒是《聖經》故事中眾所周知的名字。

而這批晚期城牆的高度和長度也令人吃驚。根據可靠的權威資料指出，城牆高度約有四十九公尺，相當於現代十五層辦公樓的高度，而城牆的總長度估計在十四到十八公里之間。城牆頂部寬闊到可以容納六匹馬拉行的戰車在上面行駛。這麼雄偉的建築工程，除了部分地基和護城河之外，現在幾乎所剩無幾。除了遭受到風吹雨打的破壞外，阿拉伯人還把磚塊挖走，運至別處的建築工程之用。

因此，在那個征戰的時代，幾乎所有的侵略者都帶著強兵，衝著巴比倫的城牆而來。許多國王試圖圍攻巴比倫，但總是壯志難酬。當時要組成入侵的軍隊可不簡單，根據歷史學家的估計，軍隊的編制約需要一萬名騎兵、兩萬五千輛的戰車、一千兩百個步兵團，而每個步兵團則有一千名士兵。通常，準備一場戰爭需要耗費兩到三年，以收集戰爭所需的物資，並在行軍路線設置糧食補給站。

巴比倫城的結構很像現代化的都市，城裡有街道和商店，小販在住宅區販賣他們的商品，祭司在宏偉的神廟中主持儀式。在城中還有皇宮的圍牆，據說皇宮的城牆比巴比倫的護城牆還高。

巴比倫人很擅長藝術，其中包括雕刻、繪畫、編織、冶金，以及製造金屬武器和農耕用具。他們的珠寶匠設計出最唯美的珠寶飾品。而很多珠寶首飾都是從巴比倫富人的墳墓中挖掘出來的，現在正在世界一流的博物館展出。

在遠古時代，當世界其他地方的人還在用石斧砍樹，或用尖石矛和箭來打獵和打鬥時，巴比倫人已經在用金屬製的斧頭、長矛和弓箭了。

巴比倫人也是聰明的金融家和商人。據我們所知，他們是最早發明貨幣交易、契約書和財產所有權狀的人。

直到西元前大約五百四十年，巴比倫城才受到外敵入侵。即使那樣，城牆也沒有被攻破。巴比倫殞落的故事極不尋常：居魯士是那個時期的偉大征服者，他打算進攻巴比倫，並攻破這道堅不可摧的城牆。那時的巴比倫王是那波尼德，他的諫臣勸他出去迎戰居魯士，並搶在城池被圍攻之前，就先開戰。在一連串的慘敗之後，巴比倫的軍隊竟棄城而逃。居魯士隨即進入了敞開的城門，輕鬆地占領了巴比倫。

此後，巴比倫的勢力和威望逐漸削弱，再過數百年後，這座城市最終被遺棄、淪為空城，任憑風吹雨打，把最初從沙漠中建造起來的雄偉城市，再度風化成沙漠塵土。巴比倫已經滅亡了，再也不會興起，但是巴比倫城對人類的文明貢獻卓越。

長久的歲月已經瓦解了巴比倫神廟引以為傲的牆垣，但是巴比倫的智慧卻會永傳不朽。

巴比倫理財聖經

The Richest Man in Babylon

作　　者　喬治・山繆・克拉森
譯　　者　黃庭敏
主　　編　呂佳昀

總 編 輯　李映慧
執 行 長　陳旭華（steve@bookrep.com.tw）

社　　長　郭重興
發行人兼
出版總監　曾大福
出　　版　大牌出版 / 遠足文化事業股份有限公司
發　　行　遠足文化事業股份有限公司
地　　址　23141 新北市新店區民權路 108-2 號 9 樓
電　　話　+886- 2- 2218-1417
傳　　真　+886- 2- 8667-1851

印務經理　黃禮賢
封面設計　陳文德
排　　版　新鑫電腦排版工作室
印　　製　成陽印刷股份有限公司
法律顧問　華洋法律事務所　蘇文生律師

定　　價　380 元
初　　版　2020 年 10 月

國家圖書館出版品預行編目資料

巴比倫理財聖經 / 喬治・山繆・克拉森 作 ; 黃庭敏 譯 .
-- 初版 . -- 新北市 : 大牌出版 ; 遠足文化發行 , 2020.10
面；　公分
譯自：The Richest Man in Babylon
ISBN 978-986-5511-37-1 (平裝)
1. 職業倫理　2. 財富

198　　109012405